Merci de me lire
Madeleine Jasmin

J'étais au salon du livre
en automne 98 et j'ai
eu de très bonnes critiques

AU NOM DE MA FILLE

Madeleine Jasmin

AU NOM DE MA FILLE

Quand la médecine dérape

Propos recueillis par Patrice Dansereau

Maquette de la couverture : Gianni Caccia

Les Éditions Carte blanche
1209, avenue Bernard Ouest
Bureau 200
Outremont (Québec)
H2V 1V7
Téléphone : (514) 276-1298
Télécopieur : (514) 276-1349

DISTRIBUTION AU CANADA
Fides
165, rue Deslauriers
Saint-Laurent (Québec)
H4N 2S4
Téléphone : (514) 745-4290
Télécopieur : (514) 745-4299

Dépôt légal : 3ᵉ trimestre 1998
Bibliothèque nationale du Québec
ISBN 2-922291-10-3

Johanne, jusqu'à sa mort, est restée cette jeune fille délicate et attachante, un de ces êtres qui se distinguent de la masse et qui retiennent l'attention.

Perfectionniste et continuellement assaillie par le doute, elle possédait la qualité suprême des êtres supérieurement intelligents : la simplicité.

L'injustice, le mensonge et l'hypocrisie la révoltaient. Généreuse et altruiste, elle était pleine de compassion envers son entourage. Talentueuse dans tout ce qu'elle entreprenait, elle fuyait les récompenses et la gloire personnelle.

Elle n'aimait pas fréquenter les endroits à la mode, son caractère sérieux et réservé lui donnait un air mystérieux qui ne cessait d'étonner et de fasciner son entourage. Que dire de sa beauté ! Éclatante de naturel, dépourvue de tout artifice, sa beauté recelait un charme envoûtant.

Même dans ses tenues les plus négligées, dans le laisser-aller propre à la jeunesse de son époque, il y avait chez elle une certaine recherche et une élégance qui soulignaient sa distinction innée.

Douce et polie, ses colères se passaient en silence et ses tempêtes étaient vécues à l'intérieur d'elle-même.

Rien ne la préparait à mourir le 15 mars 1977 à l'âge de 22 ans. Son suicide est la plus grande injustice qu'il m'ait été donné de vivre.

C'est son histoire que je vais raconter ici.

Avant-propos

On n'a pas des enfants comme on a un bouquet
de roses. Il faut souffrir pour les voir grandir. Je pense
qu'ils nous prennent la moitié de notre sang.
Mais c'est bon, c'est sain, c'est magnifique. Chaque
femme a du sang pour quatre ou cinq enfants...

GARCIA LORCA

LES ENFANTS auront été à la source de mes plus
grandes joies et de mes plus grandes douleurs. Ils ont
occupé le centre de ma vie, ils en ont été le cœur. À la
disparition de ma fille, c'est un peu ma propre vie que je
perdais, c'est un peu de mon cœur qui s'éteignait.

Il n'existe pas de sacrifice assez grand quand il s'agit
du bien-être de nos enfants. Si l'on m'avait demandé de
donner ma vie pour sauver celle de ma fille, je l'aurais fait.
Personne pourtant ne me l'a demandé et Johanne n'est
plus. Il y a un peu plus de vingt ans aujourd'hui que j'ai
perdu ma fille. Il n'existe pas pour une mère de plus

grande injustice et de plus grande souffrance que de voir disparaître son enfant. C'est une peine inconsolable.

J'ignore encore si ce témoignage que je m'apprête à livrer sur la vie et la mort de Johanne me permettra de soulager, au moins en partie, cette souffrance constante qui n'a cessé de m'habiter depuis sa disparition. Son image qui revient me hanter, tantôt m'apaise et tantôt me déchire. Son souvenir a tantôt les vertus d'un baume qui vient soulager les blessures de ma mémoire et tantôt revient me transpercer l'âme comme mille couteaux acérés.

Tout au moins ce livre me permettra-t-il de laisser jaillir en moi le cri refoulé de trop nombreuses larmes silencieuses accumulées au fil des ans, le cri d'une révolte trop longtemps étouffée, une douleur trop souvent tue.

Ce livre est un peu l'hommage que j'aimerais rendre à ma fille et pour lequel il m'aura fallu aller puiser tout le courage et la force nécessaires pour dire (et lui dire à elle, par-delà la frontière de la mort) combien le combat qu'elle a mené et les souffrances qu'elle a endurées sont aujourd'hui mon combat et ma souffrance, ma raison d'être et d'écrire ce récit.

॰॰

En écrivant, c'est un peu sa vie que je veux poursuivre. La prolonger et la continuer, pour lui dire que rien de ce qu'elle a vécu n'aura été inutile ou dépourvu de sens.

Ce récit, je voudrais aussi, sans prétention, en faire un combat contre l'injustice. J'aimerais au cours de ce témoignage lui dire que le sentiment de révolte qui s'emparait d'elle, déjà toute petite, face à l'injustice, n'était pas une vaine chose.

Johanne disparue, il m'appartient, pour célébrer sa mémoire, de reprendre le flambeau là où elle s'est arrêtée. Je ne prétends pas à l'objectivité, loin s'en faut. Plusieurs de mes lecteurs surprendront, çà et là, l'aveuglement d'une mère que la colère et la révolte emportent. Peut-être même risquerai-je à l'occasion d'être à mon tour injuste à l'égard de certaines personnes. À ces lecteurs je réclame une certaine clémence pour ce témoignage qui relate un destin tragique ; je leur demande aussi beaucoup d'indulgence dans cette tentative qui est la mienne de vouloir remonter le courant d'un fleuve si lourdement chargé d'émotions.

C'est à travers ma fille que je puise le courage nécessaire d'entreprendre cette quête.

🐝

J'ai déjà dit combien il est injuste et cruel de voir son enfant disparaître. Mais la douleur est plus insoutenable encore lorsque l'on est convaincu que cette mort aurait pu être évitée si quelques mains coupables ne l'avaient pas attirée là où elle ne serait jamais allée seule. Et cette souffrance redouble lorsque ces mains restent impunies.

S'il est vrai que l'on reste libre et maître de son destin, on ne peut en dire autant d'un être souffrant et malade qui, venant chercher de l'aide auprès de personnes réputées compétentes, ne trouve chez elles que leurre, mensonge et irresponsabilité.

À la mort naturelle d'un enfant, vous voulez maudire le ciel et la terre d'avoir laissé commettre une si cruelle injustice. Mais lorsque le responsable de cette mort se retrouve protégé par ses pairs, vous maudissez la société qui endure une telle injustice.

Ma colère, comme on peut le voir, est encore aussi vive, vingt ans plus tard. Elle était d'abord si grande qu'elle m'a empêché de commencer l'écriture de ce récit. Si elle n'est pas moins forte aujourd'hui, du moins est-elle mieux contrôlée, mieux canalisée. Plus froide et plus lucide aussi.

Aujourd'hui, je veux jeter la lumière la plus crue et la plus vraie sur notre histoire, la mienne et celle de Johanne, en espérant qu'un peu de cette lumière rejaillisse sur mon enfant chéri. Ainsi peut-être saura-t-elle que le monde n'a pas oublié ni la victime qu'elle fut ni le courage dont elle a fait preuve dans sa lutte contre ses démons, intérieurs et extérieurs.

Chapitre un

Au commencement était la vie...

AU COMMENCEMENT ÉTAIT LA VIE, est-il écrit dans les Évangiles, et la fin l'emporta avec elle...

Après la mort de ma fille, j'ai cru que ma vie s'arrêtait là. Là, c'est-à-dire nulle part, au cœur du néant.

Au commencement était la vie... mais on ne dit pas que la mort prend le relais. En parlant du suicide de Johanne, on a dit qu'elle s'était «volontairement» donnée la mort. Comment la mort pourrait-elle être volontaire? Ni la Bible ni les hommes ne sauraient répondre à cette question. En réalité, elle ne l'est jamais, volontaire.

Accablée par le désespoir, j'ai moi-même songé au suicide. J'ai préparé cet instant soigneusement. Mais même si j'avais mis fin à mes jours, jamais le geste n'aurait été volontaire. Il est toujours forcé par le poids du désespoir. Un désespoir auquel nos semblables nous acculent. Une responsabilité que nous payons tous, tôt ou tard, à travers nos souffrances et nos remords.

Durant les mois et les années noires qui suivirent la mort de Johanne, je ne pouvais m'empêcher de penser combien la souffrance tisse notre destin. Une souffrance solitaire, comme à l'heure de notre naissance et de notre mort.

Mais la solitude est plus terrible encore face à la souffrance de son enfant. Impuissants, nous le voyons avoir mal sans toutefois savoir comment le soulager. À notre tour on se sent souvent anéanti par ce sentiment d'impuissance. C'est ainsi que je me suis retrouvée après la mort de ma fille : totalement écrasée.

Beaucoup de choses ont changé depuis. Si je me sens moins défaite aujourd'hui par le poids de la souffrance, c'est peut-être parce que j'ai compris deux ou trois petites choses qui m'aident (parfois) à traverser l'inacceptable. Par exemple, j'ai compris qu'en donnant la vie, on accepte aussi qu'elle vous échappe. L'enfant se détache de vous et ne vous appartient plus. Il lui appartient de respirer, d'apprendre à marcher puis à parler et ainsi de suite. Bien sûr, le sentiment protecteur de la mère pour son enfant ne saurait disparaître pour autant. Notre instinct, notre énergie et notre volonté nous porteront toujours à vouloir le protéger. Au point, comme je l'écrivais auparavant, de vouloir donner sa vie pour lui. De la perdre, donc.

Aujourd'hui, sans pouvoir accepter le destin tragique de Johanne, j'en ai fini avec la culpabilité ressentie à sa mort. J'ai longtemps été empêchée de commencer ce récit par le poids de cette culpabilité, le poids de la colère aussi

face à l'inacceptable. Comment peut-on continuer à vivre
après de tels événements ?

Je n'ai pas trouvé de réponses claires à cette question,
mais je sais que la vie qui continue, la vie que j'ai cons-
ciemment choisie de poursuivre est pour moi la seule
façon de rendre hommage à ma fille, de m'en montrer
digne et de lui redonner une partie de ce qu'elle n'a plus :
la mémoire vivante.

᠅

Ma fille est née le 22 novembre 1955. Elle aurait eu
43 ans cette année. C'est la plus jeune de mes trois
enfants. À sa naissance, j'étais déjà mariée depuis treize
ans. C'était en 1942. Depuis, le monde a basculé, l'histoire
s'est accélérée au point que parfois j'ai l'impression que je
me suis mariée dans un autre siècle.

J'ai épousé Rosaire Jasmin en état d'ignorance et
d'innocence. C'était la norme, à cette époque, mais
quelque chose me dit qu'il ne devait pas y en avoir beaucoup à être aussi « immaculés » que nous l'étions tous deux,
mon mari et moi.

J'ai rencontré mon futur époux à l'âge de quinze ans.
Lui en avait vingt et j'avais été ébloui par ses dons d'artiste
qu'il avait déjà commencé à développer à cette époque.
Talentueux — il n'allait d'ailleurs pas tarder à connaître le
succès comme illustrateur publiciste —, il m'impression-
nait et je l'admirais. À mes yeux de jeune fille, il était

investi de l'aura romantique de l'artiste. Peu communicateur, d'une nature presque solitaire, tout cela renforçait son attrait mystérieux. Cette image et mon attirance persistèrent tant et si bien qu'à l'âge de dix-neuf ans, après une brève interruption dans nos relations, je l'épousais. Pour le meilleur et pour le pire, comme la religion nous l'enseignait. N'aurait-elle pas mieux fait de nous préparer réellement et concrètement à la réalité de la vie de couple ? De ce point de vue, on ne peut que se réjouir du changement opéré dans la société qui n'en est pas restée aux prescriptions absurdes de l'Église.

Dire que Rosaire, mon mari, n'était ni très bavard ni très extraverti est peu dire. En réalité, il ne pouvait tout simplement pas exprimer ses émotions de quelque façon que ce soit. Il refusait de s'ouvrir et d'exposer aux autres ses sentiments. Ou plutôt, il en était tout simplement incapable. Il gardait tout à l'intérieur, sans jamais se livrer. Je sais aujourd'hui combien il pouvait, au fond de lui-même, en souffrir. Malheureusement, il n'était pas le seul. De ce manque de communication, les enfants et moi-même avons également souffert. À la naissance de Johanne, son frère Gilles avait dix ans et sa sœur Lise en avait cinq. C'est dire que la différence d'âge relativement importante existant entre chacun d'eux fit que mes enfants demeurèrent très indépendants les uns des autres. Nous avions trois enfants qui ont pratiquement été élevés comme des enfants uniques.

Rosaire n'avait pour ainsi dire pas de contact avec ses enfants. Absent pour sa famille, mais très présent pour son travail, il n'a pas dû voir les aînés plus de quelques heures par mois au cours des premières années : il se levait généralement quand ils étaient partis pour l'école, il ne revenait manger le midi que lorsque les enfants étaient repartis et le soir, il mangeait après les enfants (c'est l'instant où il les croisait) avant de repartir travailler pour ne rentrer que tard dans la nuit.

Bébé, Johanne était une enfant extraordinairement calme tout en étant très éveillée. À l'hôpital, les infirmières s'émerveillaient de la voir tenir sa tête bien droite. Elle semblait curieuse tout en restant sage et docile. Elle faisait l'admiration de tous les visiteurs et son grand-père me déclarait en confidence amusée qu'elle était « la plus fine de la famille ».

Plus tard, lorsqu'elle se réveillait la nuit, elle venait me retrouver dans mon lit. Je la ramenais alors dans sa chambre, mais il n'était pas rare qu'à mon réveil, je la retrouve blottie contre mon dos. Rosaire, lui, n'avait pas connaissance de ces aller-retour. Comme il me revenait de prendre soin des enfants, de jour comme de nuit, nous couchions dans des lits jumeaux, ce qui me permettait de me lever sans déranger mon mari.

C'est dans ces petits signes que je décèle aujourd'hui la nature inquiète et déjà un peu secrète de Johanne. Quand elle me rejoignait à petits pas, silencieusement, dans la nuit, était-ce pour soulager sa peur et son désarroi qui l'habitaient peut-être déjà ? Les peurs enfantines ne sont pas des petites craintes que l'on doit négliger ; qui peut savoir si elles ne reviennent pas nous hanter à l'âge adulte ? Ce sont peut-être les racines de nos blessures d'aujourd'hui. Johanne ne pleurait pas, pourtant, et elle était une enfant enjouée ; quelle était donc cette force obscure qui lui faisait quitter sa chambre pour me rejoindre dans mon lit ?

Je n'ai pas la prétention de faire la genèse de son mal et de l'état de dépression qui commença à l'affecter à l'âge de l'adolescence. Pourtant, je me dois d'identifier, au gré de ma mémoire parfois défaillante, certains événements que je crois significatifs qui ont entouré sa naissance et sa jeunesse.

Une circonstance qui, aux yeux de nombreux psychologues, pourrait avoir été marquante (ce que, au fil de mes propres lectures, je ne suis pas loin de penser également) concerne la dépression qui a affecté mon mari durant les neuf mois qui ont précédé la naissance de Johanne. Je dis dépression, parce que le mot est juste. Pourtant, à l'époque on parlait d'une fatigue extrême, craignant même pour son cœur, dont nous pensions que sa grande fragilité résultait d'un état de surmenage dû au travail. Je me souviens que son état était jugé suffisamment grave pour que je craigne pour sa vie. C'est d'ailleurs au cours de ces événements que je me suis convaincue que je ne devais pas arrêter de travailler (je faisais des travaux de couture à domicile), de peur de mettre en péril le bien-être de la famille advenant la disparition de mon mari.

Il y avait bel et bien une part de surmenage dans l'état de mon mari. Mais peut-être y avait-il aussi autre chose qu'il ne parvenait pas à exprimer. Était-il terrifié à l'idée d'un troisième enfant ? Souffrait-il de notre relation conjugale qui, toujours, passait après son travail ? Avait-il d'autres soucis, qu'il ne parvenait plus à enterrer dans le travail ? En vérité, on peut arguer bien des réponses ou soulever d'autres questions, il est le seul qui pourrait nous répondre, et cette réponse, je ne suis pas certaine qu'il l'ait jamais eue.

Il fut un peu plus d'une année sans pouvoir fournir un rendement normal. Une année durant laquelle nous avons tous traversé des moments d'angoisse et d'inquiétude.

Ni violent ni méchant, jamais colérique ou intempestif, Rosaire était d'abord un homme absent. S'il lui arrivait de se dérider un peu et de s'ouvrir, c'était à l'occasion de quelque fête où il bénéficiait de l'effet désinhibiteur de l'alcool. Mais cela n'était jamais que très occasionnel.

Je ne cherche pas ici à dresser le profil psychologique de mon mari (qui était une nature bien trop complexe pour mon propre entendement) mais de saisir certains traits qui m'aident aujourd'hui à comprendre, du moins en partie et très subjectivement, ce que fut l'environnement familial de Johanne.

Derrière ce que je qualifierais de « fuite dans le travail », où Rosaire fuyait davantage ses problèmes que sa famille, je n'hésiterais pas à dire qu'il avait un souci sincère et constant d'assurer à toute sa famille confort et sécurité matérielle. Cette inquiétude qu'il portait en lui, c'était aussi sa détermination à assurer l'avenir le plus prometteur pour ses enfants. Il avait en ce domaine des principes très arrêtés qui soulignaient ses inquiétudes que je qualifierais de « métaphysiques » tant elles semblaient profondes. Il avait si peur des dettes qu'il pensait qu'il devait tout acheter en argent comptant, y compris sa maison ! C'est moi qui l'ai convaincu qu'il ne fallait pas attendre d'avoir la totalité de la somme pour devenir propriétaire, sans quoi nous risquerions d'attendre bien longtemps avant de pouvoir acheter notre maison. Ce fut la seule concession qu'il fit concernant les emprunts. Pour le reste, y compris nos autos, Rosaire a toujours acheté comptant.

Il pensait qu'en travaillant d'arrache-pied, il allait un jour pouvoir s'affranchir des liens de dépendance économique et accéder à la sécurité financière. Le problème qu'il ignorait encore, c'est que sa propre insécurité serait toujours plus grande que toutes les sommes d'argent qu'il pourrait accumuler.

Incapable de manifester son affection, Rosaire n'était pas plus capable de passion que de compassion. Jusqu'à quel point les enfants ont-ils souffert de la relative absence de leur père ? Encore une question qui restera sans réponse...

Au cours de mes lectures ultérieures, j'ai lu dans les ouvrages d'un médecin français, le Dr Boyer, comment l'enfant à naître se nourrissait à même les émotions de son entourage. De ce point de vue, il devient vulnérable au stress ou à l'angoisse, par exemple, vécus par les parents. Si cette théorie s'avère vraie, il ne fait pas de doute que Johanne, dans sa vie intra-utérine, a vécu les difficultés que nous avions traversées, ce qui a peut-être résulté pour elle en un stress émotionnel intense.

Suite à la dépression de Rosaire, ma propre insécurité m'aurait-elle porté à surprotéger ma fille ? Ce jugement, je l'ai entendu de la bouche d'un médecin. Si je veux bien l'accepter, je ne pense pas que ce soit ça qui explique entièrement les causes de la dépression de ma fille et sa difficulté à s'adapter au monde.

Tout cela ne constitue pas un modèle familial unique, bien au contraire. C'est une réalité dans laquelle nous avons été nombreux à grandir (et à souffrir). Certains s'en sortent mieux que d'autres. Certains en souffrent plus. Mais ils ne sont pas nombreux ceux qui disparaissent dans la fleur de l'âge, dans des conditions qui ne peuvent m'apparaître ni accidentelles ni volontaires. Derrière la mort de ma fille, il y a bien davantage qu'une simple complexion psychologique. Le diagnostic clinique le plus savant qui soit ne saurait expliquer sa mort.

Ce qui a motivé que j'entreprenne ce récit, c'est aussi le refus d'en rester au simple diagnostic ; le refus de réduire ma fille à un ensemble de symptômes. Et le refus de la laisser « enfermer » dans le mensonge et l'hypocrisie d'une société qui tolère l'intolérable.

CHAPITRE DEUX

La vie n'est pas un long fleuve tranquille

LES IMAGES SONT TROMPEUSES si l'on ne voit que ce qu'elles montrent et jamais ce qu'elles cachent. Les êtres bien-portants cachent parfois au fond d'eux-mêmes une souffrance infinie. De même les signes extérieurs de la richesse ou de la santé ne sont pas les garants du bonheur.

Mon mari a tout fait pour offrir à nos enfants le support et les encouragements nécessaires pour qu'ils poursuivent leurs études. Gestionnaire sérieux et prudent, il a fait en sorte que nous ne manquions de rien. En prêchant les vertus du travail, je crois qu'il a su leur transmettre de bonnes valeurs.

Il n'aura manqué que l'amour. Non pas qu'il en fût dépourvu. Mais incapable de le communiquer afin de le partager, cet amour est resté en lui comme une mine désertée, un trésor oublié dans l'océan de la peur.

Oserais-je dire que les enfants et moi, nous n'avons manqué de rien sauf de l'essentiel ? Ces terribles paroles n'ont pas pour but de vouloir rejeter sur mon mari une responsabilité qu'il ne peut être le seul à porter. J'entends tout de même faire entendre ce qui m'a moi-même pris trop longtemps à comprendre : il faut chercher le bonheur par-delà les images que nous en avons. Il ne faut pas chercher à nous contenter de notre bien-être matériel, mais il faut nourrir notre être émotionnel.

D'une certaine façon, Rosaire aura été la victime de son éducation et de sa famille. Pris en otage entre une mère autoritaire et aigrie, et un père absent et faible qui laissait les responsabilités familiales à sa femme et ne détestait pas «prendre un coup», son départ dans la vie ne se sera pas fait sur une base très harmonieuse. Peut-être pensait-il que notre maison, notre voiture, nos vêtements propres et tout ce que nous possédions pouvaient lui faire croire qu'il échappait à son enfance misérable, peut-être avait-il pensé que tout cela représentait le bonheur de la vie familiale ? Ni dispute ni violence ne venaient assombrir cette image.

※

Pas de dispute, à une exception près. Il aurait pu s'agir d'un détail, pourtant cet événement a laissé en moi un souvenir puissant et persistant. Déterminant même, quant à ma relation avec mon mari. Et peut-être — tout se tient — pour notre relation familiale. Tout au moins pour Johanne qui en avait été le témoin passif. Elle n'avait alors que cinq ans : une querelle avait éclaté au sein de ma belle-famille, querelle au cours de laquelle on me prêta des paroles que je n'avais pas dites ni même pensées. À mes yeux, il ne s'agissait que d'un simple malentendu, perfidement entretenu par quelqu'un qui cherchait à me nuire. Là où tout s'est gâté, c'est lorsque j'ai su que mon mari avait accordé foi à ces propos diffamatoires. Comment lui, censé me protéger, celui en qui je mettais ma plus grande confiance, parce que nous nous étions choisis pour former un couple et pour nous porter un support mutuel, voilà qu'il me retirait sa confiance! Qui plus est, pour la reporter sur une personne qui cherchait à me nuire.

Le sentiment d'injustice et de trahison que je ressentis alors alimenta ma colère à son égard, qui éclata devant Johanne. Ce fut pour moi une blessure profonde et, d'une certaine façon, l'ébranlement des colonnes du temple de mon mariage. Notre entente conjugale, à défaut de véritable passion, reposait sur l'estime, le respect et la confiance réciproques que nous nous portions. En refusant de prendre mon parti, il rompait ce contrat de confiance. Et que reste-t-il lorsqu'il n'y a plus ni passion ni admiration ni confiance? Un mariage à la dérive auquel j'ai alors sérieusement pensé mettre fin.

Ce sont mes enfants, ou plutôt leur avenir, qui a motivé ma décision de rester. Je m'étais unie pour le meilleur et pour le pire. Je gardais le pire pour moi, en vue d'offrir le meilleur à mes enfants.

Aux yeux des enfants (et je pense surtout à Johanne), cet événement se résuma probablement à la seule et unique colère que j'aie jamais manifestée à l'égard de leur père. Une colère qui se limita à quelques paroles prononcées impétueusement, peut-être quelques gros mots, mais le tout n'aura pas duré plus de quelques minutes. Presque rien, et pourtant un souvenir indélébile et une blessure jamais vraiment cicatrisée. Peut-être aussi est-ce à travers ces «presque rien» que s'insinue le «je ne sais quoi» qui nous empoisonne l'existence.

En revenant aujourd'hui sur cet épisode, mon seul regret, au moment où j'ai pris la décision de ne pas divorcer, est d'avoir légué (très inconsciemment, bien entendu), du point de vue symbolique, l'image d'une sacrifiée. Le sacrifice que je faisais au nom de mes enfants n'allait-il pas un jour être perçu par eux comme un poids culpabilisant? Pour peu qu'ils perçoivent ma décision comme la cause probable de mes malheurs, n'allaient-ils pas se sentir coupables d'avoir été la cause de mon sacrifice?

❦

Il me vient maintenant un autre souvenir à la mémoire. Moins tragique et moins spectaculaire, il n'en illustre pas moins un aspect de la personnalité de Johanne. Très jeune, Johanne a manifesté une aversion profonde pour toute forme d'activité bruyante et intempestive. De la même façon, elle réagissait souvent avec un accès de timidité si l'on faisait état de ses qualités ou si l'on célébrait sous forme d'hommage ses réussites. Je me souviens, alors qu'elle devait avoir neuf ou dix ans, qu'avait eu lieu au parc qu'elle fréquentait une élection pour choisir un maire ou une mairesse ; c'était en quelque sorte un concours qui avait pour but de choisir la personnalité la plus populaire au sein des jeunes qui fréquentaient le parc. Je savais que Johanne, tant par ses qualités, sa maturité et sa beauté, était appréciée par ses amis. Pourtant, elle n'en faisait que peu de cas.

J'étais en train de coudre et Johanne s'occupait à je ne sais quoi dans la cuisine quand j'ai entendu un groupe de jeunes qui se dirigeaient bruyamment vers la maison. On a sonné et quelqu'un du groupe m'a expliqué que Johanne venait d'être élue mairesse du parc et qu'ils venaient la chercher pour fêter son couronnement. Étonnée, j'ai cherché Johanne qui durant tout ce temps se tenait bien à l'abri des regards au fond de la cuisine. Quand je suis venue lui apprendre la bonne nouvelle et lui dire qu'on l'attendait devant la maison pour l'acclamer, jamais elle n'a voulu sortir de la cuisine pour venir, tout au moins, saluer le groupe qui la réclamait.

Cette anecdote est révélatrice d'un côté de la personnalité de Johanne. D'une certaine façon, on pouvait la considérer comme timide et pourtant, elle ne manquait pas une occasion de manifester sa révolte et de faire entendre sa voix de rebelle. De même, toujours à la lumière de cette anecdote, on pourrait penser qu'elle souffrait d'un grand manque de confiance en soi ; et pourtant, elle n'hésitait jamais à relever un nouveau défi, où elle mettait sans cesse son orgueil à l'épreuve; et de plus, elle en faisait toujours une grande réussite.

Comme on le constate, Johanne était une personnalité riche, contrastée, voire contradictoire, à la fois entière et ambivalente, active et passive, douce et forte, docile et révoltée; c'était une fonceuse assaillie par le doute, une gagnante qui semblait mépriser la victoire, bref, un être paradoxal comme le sont les êtres particulièrement doués: toujours séduisants, parfois déroutants.

Pourquoi cette anecdote me revient-elle aujourd'hui? Pourquoi, après avoir évoqué notre querelle conjugale, est-ce cette image, précisément, de Johanne qui surgit ainsi à ma mémoire? N'est-ce pas parce que l'image de Johanne qui refuse les honneurs et les acclamations, préférant l'ombre à la lumière, imite très précisément le comportement de ses parents, préférant garder dans l'ombre ce que la lumière risquerait de rendre intolérable?

Je ne cherche ici ni à me complaire ni à étaler impudiquement les sentiments de culpabilité que j'ai pu ressentir et que je ressens encore face à la mort de ma fille. Je ne tente que de comprendre et d'expliquer, aux autres comme à moi-même, tout ce qu'une vie peut cacher et (pourquoi pas) tout ce qu'une mort peut révéler.

❧

Johanne était une enfant très attentive. Elle enregistrait tout, emmagasinant et engrangeant comme pour mieux nourrir sa compréhension du monde qui ne cessait pourtant de la dérouter. Sa conscience ne pouvait se résoudre à accepter l'inacceptable. Derrière sa force tranquille, se dissimulait une activité incessante et une fébrilité de tous les instants.

Il est toujours un peu délicat pour une mère de faire usage de superlatifs quand vient le temps de parler de ses enfants. Pourtant, la simple objectivité me force à dire de Johanne qu'elle était d'une intelligence au-dessus de la moyenne. Jouissant d'une grande précocité, il se peut que ses qualités aient contribué à faire d'elle un être solitaire qui ne trouvait pas toujours dans la compagnie des gens de son âge une stimulation assez grande. Très tôt, la lecture, et plus tard l'écriture et le dessin, occupèrent ses loisirs.

Pourtant, elle conserva très longtemps le même petit groupe d'amies. Elles étaient quatre inséparables. Elle ne comptait quasiment aucun autre ami, mais du moins était-elle d'une grande fidélité au groupe. Dès l'âge de huit ou neuf ans, et jusqu'à l'âge de quatorze ans, les « quatre mousquetaires » étaient unies comme les doigts de la main.

De cette période pourtant cruciale de la vie des enfants, de la pré-adolescence à l'adolescence, je ne garde que peu de souvenirs marquants de Johanne. Ces années qui, à tort, pourraient m'apparaître comme le cours paisible d'un long fleuve tranquille, auront été pourtant des années déterminantes ; une partie de son destin s'est peut-être jouée durant ses années. À défaut de souvenirs bien précis ou d'événements marquants, je ne peux pas passer sous silence le dernier été de cette période : l'été de ses quatorze ans.

Encore une fois, j'ignore tout de ce qui a bien pu se passer durant cet été. Tout ce que je sais, c'est qu'un événement d'une importance capitale a occasionné la rupture brutale et définitive du groupe. Querelle, jalousie, trahison ou quoi encore ? Je l'ignore. De tout cela je n'ai rien su, je n'ai pu que constater. C'est peut-être là, au moment de l'adolescence, au moment du passage du monde de l'enfance au monde adulte, que se jouent les plus grands drames.

Je n'ai donc rien su des causes de cette rupture. Mais je sais aujourd'hui, très clairement, que ses souffrances ont commencé à cette époque. C'est à ce moment également que s'est développé son goût pour l'écriture. Cette rupture fut si radicale qu'elle entraîna à sa suite des bouleversements considérables dans la vie de Johanne.

Ma fille était extrêmement douée pour la musique. Elle suivait depuis de nombreuses années des cours de piano. Je l'entends encore jouer et rejouer la *Polonaise* de Chopin avec l'intensité et l'émotion d'une âme sensible — sensible et blessée. Le piano avait souvent été son confident. À travers lui s'exprimaient ses peines et ses chagrins... et ses joies aussi.

Ses talents étaient déjà reconnus puisqu'elle avait remporté le troisième prix d'un concours organisé par la Ville de Montréal à Victoria Hall. La compétition, qui était de haut niveau, avait couronné un jeune talent qui mène aujourd'hui une belle carrière professionnelle.

Il ne lui restait plus qu'une année à compléter avant d'obtenir son diplôme d'enseignement quand elle décida de tout abandonner. Son professeur, catastrophé à l'idée que l'on puisse ainsi «gaspiller» (c'était son expression) un tel talent, avait beau la supplier de revenir sur sa décision, rien n'y fit. Cet abandon fut bientôt suivi par un autre, marquant de façon toujours plus radicale la rupture qui s'opérait en elle. C'est à la fin de cet été-là qu'elle décida de quitter l'école qu'elle fréquentait alors pour poursuivre ses études aux cours du soir de l'éducation aux adultes. Symboliquement et pratiquement, on ne pouvait opérer de cassure plus grande avec le monde de l'enfance. En choisissant pour ses études le monde des adultes, elle tournait le dos non seulement à ses amies mais aussi à sa propre enfance.

De nouveau, je ne puis que me questionner, sans trouver de réponse définitive, quant à savoir si elle n'avait pas souffert, durant cet été-là, du même sentiment de trahison que j'avais vécu face à mon mari des années auparavant. Telle mère, telle fille, dit-on. Mais sa souffrance aura été plus intense et, surtout, aura connu une fin autrement plus tragique.

Ce lien, si profond et si intense, qui relie la mère et la fille, c'est tout ce qu'il me reste pour comprendre ce qu'aura vécu ma fille au cours des huit dernières années de sa vie, traversées par les remous d'un long fleuve bien agité. Des années de navigation dans la tempête...

Chapitre trois

Une tempête sous un crâne

M ON MARI et moi-même venons d'un milieu populaire très modeste, presque pauvre. L'un comme
l'autre, nous avons connu une enfance « désorganisée » où
la famille ne brillait pas par ses vertus apaisantes et récon-
fortantes. De la famille de Rosaire, je dirais qu'elle n'était
ni saine ni aimante. Marqué par une lourde hérédité
alcoolique, Rosaire est né — et ce n'est pas une image —
dans le fossé. Littéralement! Comme le père était ivrogne,
c'est la mère qui assurait la survie familiale, travaillant au
champ, tenant la maison et vendant elle-même les pro-
duits de la ferme. Elle ne connaissait aucun répit. C'est la
seule circonstance qui me permet aujourd'hui d'excuser en
partie sa proverbiale dureté puisqu'il était clair qu'elle
travaillait pour deux, et pour combler l'irresponsabilité
d'un bon à rien. Tous les jours, elle se rendait au marché,
beau temps mauvais temps, bien portante ou malade. Elle
était enceinte de Rosaire, et sa grossesse arrivait bientôt à

terme. Le petit matin pointait à peine lorsque la charrette qui descendait la Côte-des-Neiges (alors une route de terre) heurta une pierre. Le cheval rua, projetant la carriole et son équipage dans le fossé, déclenchant immédiatement le travail de la mère : Rosaire naquit quelques instants plus tard...

Pour ma part, j'ai évité le fossé, mais ma mère est morte alors que j'étais encore en bas âge. Nous étions huit enfants : les trois plus jeunes furent confiés aux frères et sœurs de mon père, les cinq plus vieux, dont je faisais partie, prirent le chemin de l'orphelinat de la Côte-de-Liesse de la congrégation des Sœurs grises. Certaines religieuses étaient d'une férocité redoutable. Gare à celles qui désobéissaient ! Heureusement, je n'en étais pas. Je réussissais toujours à me faire aimer par les bonnes personnes en étant obéissante et studieuse.

Le dimanche, notre père venait nous voir et à chaque nouvelle séparation, je pleurais et suppliais de nous sortir de là. Ma vie à l'orphelinat a duré cinq ans, cinq années de peine et de tristesse. Lorsque mon père nous a tous repris chez lui, la plus jeune de mes sœurs l'appelait « Monsieur » !

Je n'ai jamais connu les joies de la vie de famille, ou si peu. C'est peut-être pourquoi, par la suite, la famille a toujours été pour moi une valeur sacrée qui valait bien des petits sacrifices. Trop longtemps privée des bonheurs du foyer familial, j'ai tout fait pour que mes enfants puissent en jouir dans les meilleures conditions. Quand j'ai jugé le logement trop petit (il n'y avait que trois pièces pour quatre personnes et Lise, alors âgée d'un an, dormait toujours dans le carrosse), c'est moi qui ai insisté pour que nous achetions une maison. J'ai souhaité le meilleur pour mes enfants, en autant que nous pouvions raisonnablement nous le permettre. Je veillais à la qualité de leur éducation, je cousais souvent moi-même leurs vêtements et je m'appliquais à leur cuisiner de bons petits plats.

Il ne pouvait en aller de même pour Rosaire qui avait sûrement souffert d'avoir vécu sous l'influence d'une mère omniprésente (pour compenser l'absence du père), autoritaire et parfois tyrannique. En réalité, il n'est jamais parvenu à se défaire entièrement de cette autorité : le cordon est resté bien attaché. Ce qui explique, en partie du moins, sa grande passivité. N'osant pas défier l'autorité maternelle, il n'a pas su prendre sa place au sein de sa propre famille.

J'ai peut-être occupé plus de place qu'il n'en fallait, mais peut-on reprocher à une mère de trop aimer ses enfants ? Et quand bien même une armée de psychologues me reprocherait d'avoir été trop présente, je ne changerais rien de ce qui a toujours été ma raison de vivre : défendre la cause de mes enfants.

❦

Après l'importante rupture que je viens d'évoquer et son inscription aux cours du soir, Johanne connut les transformations propres à l'adolescence. Elle devenait peu à peu la jeune fille qu'elle serait par la suite... et jusqu'à sa mort.

Johanne se trouvait au début de son adolescence et avait soif d'absolu et de justice. Elle était de plus en plus révoltée et ne pouvait souffrir la méchanceté, l'hypocrisie ou le mensonge. Elle ne différait guère des adolescents de cette époque — ou de toutes les époques — mais peut-être souffrait-elle plus cruellement de sa prise de conscience d'un monde qui était bien loin de correspondre à ses idéaux.

C'est à l'été de ses seize ans qu'elle se trouva un travail à *Québec-Presse* pour la durée des vacances. C'est là où elle fit la connaissance de jeunes gens qui militaient au sein du FLQ. Cette époque tourmentée de l'histoire du Québec correspondait parfaitement au trouble que Johanne vivait. Ses problèmes personnels trouvaient dans l'agitation politique et sociale une correspondance que, dans mon inquiétude de mère, je jugeais dangereuse.

Son passage à *Québec-Presse* ne dura pas très longtemps mais fut à l'origine de nombreuses querelles familiales et source de bien des tourments. Elle divisa profondément et pour longtemps les deux sœurs qui empruntaient à ce moment-là des itinéraires très divergents. Pendant que l'aînée soignait sa personne, Johanne passait ses journées dans les livres et la peinture. Lise sortait beaucoup, tandis que Johanne demeurait solitaire.

Leurs différences prirent bientôt la forme d'un véritable affrontement quand, alors que Johanne fréquentait les jeunes contestataires de l'époque, sa sœur Lise occupait un poste dans le département ultrasecret de la Gendarmerie royale du Canada. Ses fonctions consistaient (on pouvait difficilement garder cette partie de son travail secrète) à enquêter sur les gens qui fréquentaient *Québec-Presse* ! Difficile d'imaginer diviser davantage mes deux filles qui devenaient presque des sœurs ennemies.

Comme je l'ai dit, à cette époque j'étais comme bon nombre des gens de ma génération, un peu effrayée par l'agitation et les options radicales qu'incarnait le FLQ. Aujourd'hui, avec les connaissances qui nous sont parvenues depuis, et sans souscrire aux thèses défendues à l'époque par le mouvement, je ne puis qu'imaginer le sentiment de révolte et de dégoût qui devait envahir Johanne face aux manipulations dont allait se rendre coupable la GRC pour discréditer le FLQ et les jeunes qui voyaient dans ce mouvement l'incarnation de leur propre révolte. Je pense en particulier à l'épisode des bombes posées par les services de la GRC. Comment ne pas transformer une jeunesse idéaliste en génération cynique et désespérée ? Comment ne pas faire naître le dégoût envers une société qui oppose aux désirs de pureté une telle hypocrisie ? J'imagine les ravages que cet épisode politique de notre histoire ont pu causer chez un être aussi sensible que Johanne.

Cette période de crise politique correspondait exactement avec la crise d'adolescence de Johanne. Il n'y avait pas chez elle de discours politique très structuré. J'entends par là que ses véritables motivations pendant qu'elle travaillait à *Québec-Presse* n'étaient pas tant politiques qu'existentielles. Je pense qu'elle a trouvé chez les jeunes indépendantistes qu'elle fréquentait un écho à sa propre quête d'affirmation.

Johanne a fini par prendre ses distances avec ce groupe — à notre grand soulagement, je ne m'en cacherai pas.

Lise nous avait renseignés (et je ne crois pas qu'il s'agissait de désinformation) sur la nature criminelle des activités de certaines personnes que Johanne avait côtoyées. L'action et l'engagement politique ne répondaient pas à sa nature profonde. Et le milieu, qui vivait dans le secret et les complots, a dû la décevoir autant que les autorités qui le combattaient. En quittant ce milieu, elle renvoyait les adversaires dos à dos. Des années plus tard, Lise devait à son tour quitter la GRC, ce qui au fond n'était pas non plus pour me déplaire.

Chapitre quatre

Une saison en enfer

C'EST AUTOUR DES ÉVÉNEMENTS d'octobre 1970 que Johanne fit sa première tentative de suicide. Elle n'avait pas encore 17 ans, elle vivait toujours dans le même état dépressif de ce fameux été de la grande rupture. Ce qui motive un suicide (ou une tentative de suicide) reste et restera toujours un peu mystérieux. Pour ma part, si je fais remonter cette tentative à l'été de ses quatorze ans, c'est parce que je la revois traînant le même mal durant tout ce temps. C'était un peu comme si elle avait chargé sa peine sur ses épaules, comme une tortue porte sa carapace. Mais chez Johanne, la carapace était davantage une prison qu'une maison.

Ce jour-là, Albert, mon cousin, m'avait appelée pour m'annoncer qu'il venait de remporter une jolie somme à la loterie. Il était de bonne humeur — et pour cause! — et je devinais qu'il était même un peu gris. Je ne savais trop s'il fallait le croire. Il insista pour me dire que tout cela était vrai et qu'il l'avait lui-même annoncé quelques heures plus tôt à Lise qu'il avait croisée dans la rue tout en l'invitant à venir célébrer avec lui et sa famille. Il me dit qu'elle avait refusé et qu'il en était presque vexé. Surprise à mon tour, je lui répondis que très probablement elle avait cru qu'il plaisantait.

Je suis allée à la chambre de Johanne pour lui apprendre la bonne nouvelle. La porte était fermée. Il devait être huit heures. Je suis entrée. Elle semblait à moitié endormie. Je lui ai fait remarquer qu'elle se couchait bien tôt. Elle me répondit qu'elle était fatiguée. Je lui ai parlé d'Albert et de son gain à la loterie mais elle n'a pas beaucoup réagi. J'ai pensé qu'elle était vraiment fatiguée et j'ai cru qu'il serait préférable de la laisser dormir.

À minuit, elle a été malade. Je me suis levée et j'ai tenté de l'aider. Elle semblait très agitée et je lui ai suggéré de prendre un valium. Elle a refusé. Elle m'a dit : « Surtout pas de valium, pas après ce que j'ai pris. » C'est à ce moment-là qu'elle m'a avoué avoir absorbé l'équivalent de trois bouteilles de 222. J'étais saisie et un peu paniquée et avant de poser des questions, j'ai réveillé mon mari et nous sommes tous allés à l'hôpital où on lui a fait un lavage d'estomac. Sur son dossier on inscrivit : « intoxication alimentaire ». Qui essayait-on de leurrer ?

Je ne puis que me révolter aujourd'hui devant cette hypocrisie hissée au rang de vertu. Une hypocrisie dont nous nous sommes tous accommodés à l'époque, la famille comme l'institution médicale. Une hypocrisie qui prônait le jeu de l'autruche plutôt que la recherche de la vérité.

On a beau se faire dire qu'il ne s'agissait pas d'une dose mortelle, que son geste était davantage un appel à l'aide que le désir d'en finir une fois pour toutes, le seul message que j'entendais, c'était un message de désespoir profond qui m'atteignait plus profondément encore au cœur. J'ignore si ma souffrance était égale à son désespoir, mais je me sentais aussi déstabilisée que peut l'être une mère qui assiste impuissante à l'agonie de son enfant. Il y a dans la tentative de suicide la trace d'un mal perfide qui contamine l'entourage précisément parce que les mots nous manquent pour bien identifier ce mal. Du coup, ce mal, pour n'être nulle part dans nos mots, est partout dans notre tête et notre cœur.

Cette tentative de suicide allait marquer la première étape de sa descente au plus profond des enfers de l'âme.

Mes inquiétudes étaient particulièrement vives à ce moment-là. Mais peut-être aurais-je dû m'inquiéter bien avant, au moment de sa rupture avec ses amies, au moment où elle a peut-être connu sa première fêlure de l'âme ? Peut-être aurais-je dû m'inquiéter de la voir quitter l'école des enfants pour suivre des cours du soir avec des adultes ? Peut-être aurais-je dû m'inquiéter bien avant encore ? Peut-être... Peut-être... On ne refait pas l'histoire pas plus qu'on ne vit la vie de ses enfants. Peut-être, au fond, nos inquiétudes sont-elles inutiles ou nuisibles. Si je revois Johanne au moment où elle entreprit ses cours du soir, je revois sa détermination et le sérieux qu'elle manifestait pour suivre ses cours de secrétariat juridique. Et les très bon résultats qu'elle obtenait me faisaient penser qu'elle menait sa barque comme il se devait. Encore une fois, il me serait facile aujourd'hui de me reprocher de ne pas avoir voulu voir là les premiers symptômes du mal qui allait se développer par la suite. Bien qu'il soit difficile aux parents d'échapper à la culpabilité lorsque leurs enfants meurent avant eux, j'ai compris aujourd'hui que le temps des reproches et des mortifications ne peut durer éternellement et que la paix et la sérénité doivent suivre...

D'une certaine façon, le sérieux, la rigueur et l'application dont Johanne faisait preuve étaient une marque de famille. Que ce soit au travail ou aux études, tous les membres de notre famille s'engouffraient corps et âme dans leur labeur. Pour oublier qui ou quoi? Pour se faire pardonner de quel crime? Chaque famille entretient ses mystères et panse ses plaies comme elle le peut. Chez nous, c'était clair que cela se faisait à travers le travail. C'était une valeur presque innée qui se transmettait «génétiquement».

Elle recouvra la santé grâce à sa forte constitution physique. C'est après cet épisode qu'elle consulta pour la première fois un psychologue. Tout se passa très bien jusqu'à ce qu'elle mette fin abruptement à sa thérapie environ un an et demi après l'avoir commencée.

Pour quelles raisons exactement, je ne suis pas certaine de le savoir. Ce que j'en sais, c'est ce que Johanne m'en a dit et, sur ce point, cela me convient. C'est au moment où le psychologue lui apprit qu'il était prêtre, ce qu'il avait négligé de lui dire au début, qu'elle s'est sentie trahie. Elle ne pouvait, m'a-t-elle expliqué, que mettre fin à la thérapie. Est-ce le mensonge ou encore les réticences qu'elle pouvait avoir face à la religion, ou autre chose encore de plus profond entourant le lien thérapeutique qui motivait sa décision ? Quelles qu'en soient les raisons, je ne pouvais que me réjouir des effets bénéfiques que ces séances avaient sur elle. De l'état de tristesse, elle passa au rire et à la joie de vivre. Malheureusement, cet état ne dura que l'espace d'une saison.

C'est au cours de cette période que ses talents artistiques se développèrent. Au cours de l'été, elle avait renoué avec une de ses amies d'enfance, Yolande, une des membres du « clan des quatre » avec lequel elle avait si violemment et abruptement rompu des années auparavant. C'est avec elle qu'elle fréquenta un centre d'art où se retrouvaient de nombreux jeunes et quelques moins jeunes qui exerçaient, de mon point de vue, une forte influence sur les premiers. Le directeur de ce centre, qui connut plus tard une gloire éphémère au sein des clubs de nuit, était très lié avec l'amie en question (tellement lié qu'il lui fit un enfant plus tard, avant de l'abandonner). Bien entendu, je ne voyais pas d'un très bon œil la présence de cet individu auprès de ma fille. Les relations qu'il entretenait avec l'amie de Johanne eurent tôt fait de créer une certaine forme d'intimité entre Johanne et lui.

De ce dernier épisode j'ignore encore les détails mais il est certain qu'il fut à l'origine d'une nouvelle déconvenue pour elle. À la suite de quelle proposition malhonnête dut-elle rompre avec le centre, je l'ignore, bien que je puisse l'imaginer, mais toujours est-il qu'à la fin de cet été, Johanne se retrouva encore une fois seule et désillusionnée.

La seule chose positive qui en soit sortie fut son initiation à l'art. Après avoir obtenu son diplôme d'études secondaires, elle s'inscrivit en arts au Cégep du Vieux-Montréal, elle y fit de magnifiques fusains et fit l'apprentissage de la poterie. C'est également au cégep qu'elle découvrit, comme la majorité des jeunes de cette époque, la drogue : phénomène relativement nouveau en ce temps-là, elle circulait assez librement dans le milieu artistique ; elle était censée libérer l'imagination et on lui attribuait des vertus créatrices. Elle en consomma quelque peu jusqu'au jour où son essai lui ayant laissé un mauvais goût (ce que les jeunes appelleraient un « bad trip » je suppose), elle n'y retoucha plus. Ce fut la fin de cette expérience et de ses études collégiales... qui se terminaient quelques mois seulement après avoir commencé.

Là encore, je réalise aujourd'hui combien il me manque de données et d'informations pour bien comprendre ce qu'elle a pu vivre à ce moment-là. Jusqu'à quel point la drogue, même si cela ne semble pas avoir été une composante très importante de sa vie, jusqu'à quel point donc la drogue contribua-t-elle à augmenter ses étatsdépressifs ?

À la suite de cet abandon, Johanne vécut une période de recherche intense. Elle ne pouvait se résoudre à suivre nos conseils et désirait entreprendre seule la voie qu'elle choisirait. Bien que nous lui ayons conseillé de s'inscrire aux Beaux Arts, son travail au journal *Québec-Presse* l'avait convaincue de se diriger vers un cours de secrétariat juridique. Ce qu'elle entreprit et termina avec succès.

C'est à la fin de son cours, au moment où je la sentais ragaillardie, qu'elle connut son premier grand amour. Il s'appelait Michel, c'était un étudiant en psychiatrie (quelle cruelle ironie quand on sait ce que la psychiatrie lui ferait subir par la suite) et elle semblait très heureuse avec lui. Il avait 24 ans et elle 17. Je crois qu'il lui était d'une grande aide; elle s'ouvrait davantage et semblait connaître une plus grande paix. Une paix bien relative toutefois: c'est à cette époque qu'elle se mit à peindre. Je me souviens encore de deux grandes fresques qu'elle peignit. Je ne saurais très bien les décrire mais une chose est sûre: elles exprimaient ses états d'âme. C'étaient de grandes toiles, en noir et blanc, que je qualifierais, à défaut d'un jugement artistique plus sûr, de «tourmentées». Il est évident qu'elles contenaient beaucoup d'informations, dans une perspective thérapeutique et médicale, quant au mal qui l'habitait. Des années après sa mort, Michel, qui était alors devenu psychiatre, m'avait demandé si j'avais toujours conservé les fresques de Johanne. Quand je lui ai dit que mon mari les avait détruites, il parut désolé et presque catastrophé. Il m'a dit qu'à ses yeux ces toiles étaient un témoignage exceptionnel de la personnalité de Johanne. Il y avait des visages grimaçants dont on ne pouvait dire s'ils souffraient ou s'ils étaient déformés par la colère. De ce point de vue, ils représentaient en effet assez bien l'état de ma fille : c'était l'illustration de ses propres déchirements, de ses tourments aussi.

Toute cette période, depuis l'été de ses quatorze ans, qui comptait plus de bas que de hauts, m'apparaît aujourd'hui comme le chemin qu'elle devait parcourir avant de s'enfoncer plus avant vers le bout de la nuit.

Sa dernière désillusion, et peut-être l'une des plus cruelles, devait lui venir de celui-là même qui l'avait aidée à se relever. Michel, son amoureux, était un être joyeux et vivant. Assez en tout cas pour être appelé un viveur. Ce qui devait arriver arriva, elle apprit d'une façon particulièrement cruelle, c'est-à-dire par celle-là même qui en avait été la cause, qu'il l'avait trompée.

Pour elle, la descente aux enfers commençait.

Chapitre cinq

1

Voyage au bout de la nuit

De sa rupture avec Michel, elle resta profondément marquée. La rupture fut d'autant plus douloureuse que ses sentiments à son égard n'étaient peut-être pas tout à fait morts. Et il en était de même pour lui.

Une chose se dessinait clairement : elle avait toujours souffert à travers ceux-là mêmes en qui elle mettait toute sa confiance. En amitié, en thérapie ou en amour, elle avait été blessée par ceux qui auraient pu (et qui auraient dû) la protéger, l'aider et l'aimer. Âme vulnérable et sensible, elle n'avait pas de carapace assez solide pour se protéger contre les trahisons de ses proches.

Lorsque je repense au sentiment d'abandon et de trahison que j'ai ressenti lorsque mon mari a donné foi à des calomnies que l'on me prêtait, je reconnais dans la souffrance de ma fille ma propre souffrance. Nos enfants ne sont pas seulement la chair de notre chair, mais également l'esprit de notre esprit, les émotions de nos émotions. Après sa rupture avec Michel, elle renoua avec un ami d'enfance, Marc. Leur amitié se transforma progressivement en relation amoureuse et ils décidèrent de vivre ensemble. Y avait-il véritablement de l'amour dans le cœur de Johanne ou plutôt l'espoir de trouver cet amour dans les bras de Marc? J'en suis encore à faire des spéculations sur l'état intérieur de ma fille, pourtant je ne crois pas qu'elle partageait avec Marc ce qu'elle avait pu vivre avec Michel. Il y avait probablement un espoir d'autant plus grand que sa soif était grande de connaître un amour apaisant et réconfortant. À ce moment, j'espérais que ce nouvel amour contribuerait à son épanouissement et ne viendrait pas s'ajouter à la longue liste d'expériences malheureuses déjà vécues.

Mais là encore, le malheur n'était pas loin. Nous n'en avons rien su jusqu'au jour où nous avons appris qu'elle avait été battue par cet ami au tempérament violent. À défaut de réconfort, elle avait reçu une raclée.

Ce n'était pas à proprement parler un batteur de femmes. Il ne l'avait jamais battue comme certaines femmes le sont et de manière chronique. Disons qu'il pouvait s'emporter et la rudoyer quelque peu. Ce qui est tout aussi inacceptable.

Son influence et son comportement ont eu sur elle un effet dévastateur. Déjà meurtrie par plusieurs mauvaises expériences et si fragile moralement, elle décida alors de vivre seule.

De nouveau seule, de nouveau trahie, elle s'inscrivit à une thérapie, annoncée dans les journaux, la thérapie du Dr Janov, le «Cri primal». Le but de cette thérapie est d'exorciser, par des pleurs, des cris et des lamentations, les peurs refoulées et d'essayer de se souvenir de ce qui, dans l'enfance, a pu nous perturber.

Elle se devait de nager seule, dans des eaux toujours plus troubles. Elle gardait encore un contact, quoique timide, avec Yolande, son amie d'enfance retrouvée. Michel l'appelait à l'occasion. Ses relations se limitaient à peu près à ces deux seules personnes, sans compter sa famille, qui se résumait à moi. Les contacts avec son père étaient ce qu'ils pouvaient avec un être aussi absent et silencieux. Depuis l'époque du FLQ, un climat de méfiance s'était installé entre elle et sa sœur Lise, et Gilles, son frère aîné, habitait l'extérieur de la ville. J'étais toute sa famille et, en partie, sa confidente.

Nous connaissions sa grande fragilité mais aussi sa grande volonté à vouloir s'en sortir. Envers et contre tous.

C'est au cours de ces séances de Cri primal qu'elle rencontra un jeune patient du nom de Jacques qui devint éperdument amoureux d'elle. Amoureux il l'était, malheureusement, c'était une relation à sens unique. Déçue, peut-être aigrie, peut-être cynique, elle choisit d'accueillir chez elle ce Jacques pour lequel elle ne ressentait aucune passion. Je ne crois pas qu'ils aient eu de rapports sexuels. C'était une forme d'arrangement convivial qui lui faisait peut-être oublier sa solitude extrême. C'était une sorte de colocataire avec qui elle pouvait parler et dont elle recevait (c'est plus valorisant que des coups) l'estime et l'amour, même si elle ne les partageait pas.

N'ayant pas trouvé ce qu'elle recherchait au cours de ses séances de thérapie, elle décida de consulter un psychiatre. Comme elle n'en connaissait aucun, elle se servit de l'annuaire téléphonique pour en choisir trois qu'elle rencontra successivement. Elle arrêta son choix sur le Dᴿ T. qui accepta de la recevoir en consultation une fois par semaine.

Sa première rencontre avec le Dᴿ T. eut lieu le 23 avril 1975. C'est aujourd'hui encore, à mes yeux de mère en colère, le jour que je maudis entre tous.

À cette époque, elle travaillait à la Commission de la réforme du droit. D'une certaine façon, elle avait tout pour être heureuse. Elle s'était vaillamment sortie de multiples ornières et elle occupait, par la seule force de sa détermination et de son courage, un poste enviable. Je la savais encore rongée par des états dépressifs, pourtant j'étais convaincue qu'elle saurait vaincre les écueils de la maladie mentale. Jamais elle n'avait baissé les bras. Elle avait su éviter les pièges de la drogue; elle n'avait pas succombé à ceux qui promettent la lune et nous livrent l'enfer, ne s'était pas plus égarée dans la violence politique ou perdue dans une nouvelle secte qui promettait le bonheur pour demain.

Sa décision de consulter un psychiatre m'apparaissait pleine de sagesse, encore une fois. Comment pouvions-nous prévoir que le plus malade des deux n'était pas celui que l'on croit ? Le lundi soir, son travail terminé, elle dînait au restaurant et se rendait à son rendez-vous chez le psychiatre. Au début, je ne pouvais que me féliciter de sa nouvelle thérapie. Johanne s'ouvrait de nouveau et, au cours des mois qui suivirent les débuts de ses rendez-vous avec le Dr T., elle avait retrouvé le sourire.

Au travail, il en allait de même. Elle fonctionnait de mieux en mieux. Elle nous parlait avec beaucoup de chaleur de son amie et compagne de travail et elle décida un jour de nous la présenter. Cette jeune femme nous plut tout de suite, tant par sa simplicité et sa grande discrétion que par son bon jugement. J'étais convaincue que cette amitié ne pouvait que lui être bénéfique. Pour la première fois depuis longtemps, son entourage était sain, ses choix étaient sûrs.

Je me souviens de cette journée où, sans que je ne m'y attende, Johanne fit irruption à la maison. L'espace de quelques secondes, je ne reconnus pas cette belle jeune fille qui était devant moi. Les cheveux fraîchement coupés et bien maquillée, elle était vêtue d'un tailleur beige avec accessoires en cuir vernis noir, le tout du meilleur goût. La grande adolescente laissait place à une magnifique jeune femme. Johanne s'épanouissait, sa jeune maturité lui apportait beauté, charme et élégance. Je la sentais de nouveau amoureuse, prête à mordre dans la vie.

Lorsque j'ai vu ma fille apparaître dans ses beaux atours, j'ai pensé qu'elle allait enfin sortir de la nuit où je la voyais s'enfoncer depuis maintenant trop longtemps. J'en oubliais toutes ces nombreuses inquiétudes qui me hantaient. La chance allait-elle enfin lui sourire ? Ellepouvait compter, me disais-je, sur de bons amis, un bon emploi et un suivi médical qui ne pouvait que lui procurer une aide précieuse. Si seulement tout avait été aussi simple.

C'est bien plus tard que je me rendis compte que la transformation de Johanne n'était pas due à la chance mais avait davantage à voir avec la personnalité de son psychiatre.

Je me souviens, alors que je me confiais à mon médecin de famille relativement à mes inquiétudes au sujet de Johanne (c'était au moment où je commençais à me poser des questions sur la nature réelle de leur relation), que celui-ci me dit que le lien de confiance était primordial dans une thérapie et qu'il fallait laisser agir le temps. Je ne doute pas un instant de la valeur de ce jugement ou de la bonne foi de cette affirmation. Je m'efforçais donc à calmer mes angoisses...

Pourtant, l'influence du Dʳ T. s'exerça de plus en plus et de multiples façons jusqu'à devenir totale et tyrannique, c'est-à-dire jusqu'à ce que Johanne, droguée à mort (et je pèse mes mots), ne soit plus qu'un corps soumis et à la volonté chancelante.

Il la força d'abord à abandonner sa thérapie du Cri primal, qu'elle avait, au début du moins, continué à suivre parallèlement à ses visites chez lui.

Jacques, l'amoureux transi qui habitait toujours avec elle, trouvait cette exigence déplacée et se rendit rencontrer le Dr T. L'accueil qu'on lui réserva fut glacial et à peine poli.

Jacques dut percevoir un changement chez Johanne qui fit comme son docteur lui demandait. En abandonnant le Cri primal, il dut sentir que c'était lui qu'elle abandonnait. Et c'était vrai.

Elle ne désirait plus vivre avec lui, bien qu'elle ne souhaitait pas non plus le blesser. C'est alors qu'elle nous manifesta le désir de revenir vivre avec nous. Bien que son psychiatre le lui ait déconseillé, Johanne n'a pu se résoudre à l'écouter. À ce moment, son influence ne s'était pas encore suffisamment développée. Nous avons convenu qu'elle habiterait au sous-sol de notre maison. Étant aménagé, ayant sa propre entrée, son «nouvel appartement» lui procurait intimité et indépendance.

Nous étions très près l'une de l'autre et Johanne me parlait souvent de sa thérapie avec le Dr T. Je fus étonnée d'apprendre que le psychiatre de Johanne lui avait fait de nombreuses confidences sur sa vie privée. J'ai ainsi appris qu'il s'était marié mais qu'il était maintenant divorcé; j'ai su qu'il se déclarait athée et qu'il travaillait activement au sein du mouvement des Alcooliques anonymes (quand j'ai demandé à Johanne s'il était lui-même un Alcoolique anonyme, elle me dit qu'elle ne le savait pas) où il se vantait de nombreuses guérisons de cas d'alcoolisme. Tout cela ne cessait d'accroître son prestige auprès de ma fille qui, déjà, n'avait plus les yeux d'une patiente « ordinaire » lorsqu'elle me parlait de lui.

Quel esprit machiavélique et pervers s'agitait en lui lorsqu'il lui parla de certains problèmes d'ordre professionnel qui l'avaient affecté dans ses relations avec ses patients ? Ces problèmes, osait-il prétendre, étaient toujours occasionnés par la famille de ses patients (avait-il dit de ses « patientes » ?). La famille était responsable des ennuis qui étaient advenus (pour lui ou pour ses patients ?). La nature de ses « ennuis » n'était pas précisée mais une chose était claire : la famille était un obstacle à la guérison.

Je ne puis voir dans ces dernières confidences qu'un esprit calculateur qui prépare son terrain en vue de couper sa future proie de toute influence extérieure à lui.

Ces confidences créaient une relation d'intimité qui ne cessait de réjouir Johanne et qui ne cessait de m'inquiéter. Afin de calmer mes inquiétudes, Johanne m'invita à le rencontrer. L'homme qui était devant moi avait un certain âge ; il était imposant et semblait sûr de lui. Ou plutôt, à défaut d'être tout à fait sûr, il manifestait à l'égard de ma personne une certaine arrogance que l'on pouvait tenir pour une forme d'autorité qui n'acceptait pas d'être contestée. En réalité, je décelais beaucoup d'incertitude en lui. Son regard me fuyait et refusait obstinément de croiser le mien. Pas besoin d'être psychologue pour déceler en cela le manque d'assurance. Il me mentionna, d'un ton brusque, aimer beaucoup Johanne mais que sa thérapie serait longue et difficile.

Était-ce son agressivité ou son regard fuyant qui me déplurent le plus, je ne sais pas, mais à une question que je lui posais, il démontra son impatience en me répondant : « Quoi encore ? » J'ai compris que ma visite lui déplaisait et je suis repartie, pas du tout rassurée. Au contraire, tout dans cette rencontre renforçait mon sentiment de méfiance.

La semaine suivante, le Dr T. répéta à Johanne les difficultés déjà éprouvées avec les parents de ses patients et, ne voulant pas que cela se reproduise, il lui interdit de se confier à qui que ce soit, et surtout pas à ses parents. Ma rencontre n'avait pas été inutile, pour lui tout au moins. C'était comme s'il pouvait maintenant identifier certaines sources de danger potentiel. Une fois identifiées, il tentait de les mettre en échec. En attendant de faire échec et mat.

À l'été 1976, nous avions convaincu Johanne de partir en vacances avec nous en Gaspésie. Elle avait accepté, mais pour une semaine seulement puisqu'elle devait remplacer une compagne de travail pour une semaine.

Il y avait maintenant presque un an que Johanne était en thérapie avec le Dr T. J'avais bien quelques sources d'inquiétudes mais la vérité m'oblige à dire que Johanne semblait de mieux en mieux fonctionner.

Je retrouvais maintenant deux Johanne : il y avait cette jeune femme belle et presque séductrice qui savait mainte-

nant trouver le temps de s'habiller, de se maquiller. Qu'elle
était belle dans son costume de soie sauvage beige, la fleur
à la boutonnière, ses accessoires de cuir verni agencés à la
perfection et ses cheveux bien coiffés! Parfois, je la faisais
parader autour de moi pour le plaisir de l'admirer. Je ne
m'en lassais pas et ne cessais de me réjouir de ce que je
percevais comme une métamorphose. Enfin, me disais-je,
elle reprend goût à la vie.

L'autre Johanne était celle qui était redevenue notre
petite fille. Elle avait quitté ses appartements du sous-
sol pour reprendre sa chambre de jeune fille. C'était un
signal qu'à ce moment-là je n'ai pas su interpréter. Pourtant, il est évident qu'il y avait de sa part un réel désir
(conscient ou inconscient?) de se rapprocher de nous, un
peu à la façon qu'elle avait de venir me rejoindre dans mon
lit pour venir y chercher le réconfort quand elle était toute
petite.

La petite fille qu'elle était toujours sous ses allures de
femme fatale avait repris goût à la vie mais elle avait
toujours besoin que l'on prenne soin d'elle.

Pour diverses raisons, nous avions, mon mari et moi,
décidé d'écourter notre voyage en Gaspésie, si bien que
nous étions de retour deux ou trois jours après que
Johanne fut arrivée.

Tous les matins durant cette semaine, je la voyais
partir à son travail où, comme elle nous l'avait annoncé,
elle remplaçait une compagne. Toujours endimanchée et
coquette, elle partait et revenait à ses heures habituelles.

Elle était joyeuse et gaie, ce qui me faisait croire que le voyage avec nous lui avait fait le plus grand bien.

Ce n'est qu'après sa mort que j'ai appris, par la compagne de Johanne, qu'elle n'avait jamais effectué de remplacement tel qu'elle nous l'avait mentionné. Où était-elle durant cette semaine-là ? Pour qui se rendait-elle aussi coquette ? Au charme de quel loup la brebis avait-elle succombé ?

Dire qu'elle était amoureuse de son psychiatre est peu dire. Passionnément, follement amoureuse, envoûtée convient mieux. Qu'en était-il pour lui ? Je ne me risquerai pas à répondre à cette question. D'une certaine façon, il m'importe peu de le savoir. Une chose est sûre : leur relation avait largement dépassé le cadre thérapeutique conventionnel et il lui appartenait, à lui et non à elle, de rétablir ce cadre ; à défaut de quoi, il aurait dû lui-même confier la charge de sa patiente à quelqu'un de mieux qualifié que lui.

Je sais maintenant qu'ils se sont fréquentés sur une base quotidienne au moins durant cette semaine-là. Quand ses sentiments sont devenus trop évidents ou lorsque, par malheur, son frère ou sa sœur y faisaient quelque allusion, Johanne se refermait comme une huître. Il était devenu interdit de glisser quelque remarque que ce soit concernant le psychiatre.

Pour moi, le temps des confidences était bel et bien fini. Autant l'été avait été radieux, autant l'automne se chargeait de sombres nuages qui annonçaient l'approche imminente d'un orage dévastateur.

Les premiers signes sont survenus en octobre 1976 :
Johanne nous annonça avoir été licenciée de son emploi
pour cause de réduction de personnel. Mais en réalité, elle
avait démissionné, ce que nous avons appris également
seulement après sa mort.

C'est à cette époque que la lune de miel s'est terminée
entre elle et lui, ce qui l'a laissée vraisemblablement vulnérable et désemparée.

Elle se trouva un nouvel emploi après quelques essais
mais cette recherche l'avait rendue nerveuse. C'est à cette
période-là que la dose de ses médicaments fut augmentée.
Ceux-ci créaient un effet d'apesanteur tel qu'elle devait
prendre une douche froide et ingurgiter de nombreux
cafés avant de se rendre au travail. Ces médicaments
étaient tellement forts que le pharmacien refusa de renouveler sa prescription sans une nouvelle ordonnance écrite
de son psychiatre. Cette ordonnance fut renouvelée, sans
toutefois que les doses soient changées.

Au début de janvier 1977, mes inquiétudes s'amplifiè-
rent. Son psychiatre ayant pris une semaine de vacances,
Johanne se conduisait en amoureuse déçue. Je lui en fit la
remarque et quelle ne fut pas ma surprise de l'entendre me
dire que sans lui, la vie ne valait pas la peine d'être vécue.
J'étais estomaquée de découvrir la nature de la relation
qu'elle vivait maintenant avec lui. Réciproque ou non, ils
étaient maintenant dans un bateau qui n'avait rien de thérapeutique !

À la fin de janvier de cette même année, le pharmacien refusa encore une fois de renouveler la prescription de

ma fille. Il exigea que le médecin traitant de Johanne communique avec lui avant tout renouvellement d'ordonnance. Cet événement nous alarma, mon mari et moi, et nous avons demandé à Johanne d'en discuter avec son psychiatre; mais celui-ci est demeuré sur ses positions.

Pendant ce temps, l'état de Johanne se détériorait de plus en plus. Elle était triste à mourir. Elle m'a confié ce que je savais déjà, qu'elle était amoureuse de son psychiatre, mais que celui-ci lui conseillait de se faire des amis et d'avoir des relations sexuelles. Cela ne fit que renforcer son sentiment d'amoureuse rejetée et ne fit rien pour l'aider à se sortir de sa dépression qui prenait maintenant des allures inquiétantes.

Elle avait besoin d'être soutenue et encouragée. Le vide que le Dr T. avait créé autour d'elle ne pouvait plus se remplir. Les amis qu'il lui conseillait maintenant d'avoir, c'était lui qui avait contribué à les faire disparaître. Il se comportait comme le créateur d'une marionnette qui exigerait maintenant de sa créature une autonomie parfaite. Et pour rajouter l'insulte à l'injure, il rejetait son jouet dans un coin en lui manifestant le plus grand désintérêt. À son retour d'une de ses visites chez le Dr T., Johanne me fit part, en pleurant, qu'il lui avait déclaré, sur un ton exaspéré, qu'elle était psychotique, que cela ne se guérissait pas, que la science était impuissante face à cette maladie et qu'elle finirait ses jours en maison de santé. Je ne pouvais en croire mes oreilles et mon sang se glaça dans mes veines. Comment pouvait-on avoir si peu de jugement pour tenir, à une patiente si vulnérable, de tels propos?

Suite à cet événement et trouvant que le médecin déra-
pait et perdait totalement le contrôle de la situation, j'ai
communiqué avec la Corporation des médecins du Québec
afin de m'informer de ses compétences. J'appris avec
stupéfaction que le Dr T. n'était pas psychiatre mais tout
simplement omnipraticien. Comment pouvait-on usurper
un tel titre? Là-dessus la corporation est restée muette.

J'ai avisé Johanne de ce que je venais d'apprendre. J'ai
tenté du même coup de la rassurer sur le caractère haute-
ment improbable et surtout non autorisé du pseudo diagnostic («psychotique») qu'il avait laissé tomber comme
un couperet.

En prenant connaissance de mes révélations, elle fut
totalement désemparée. Elle ne comprenait pas le comportement de son médecin. Elle était comme une petite
fille qui se réveille d'un mauvais rêve pour replonger dans
un cauchemar. Je pouvais lire dans ses yeux tristes et
désemparés tout son désespoir. Elle répétait sans cesse:
pourquoi? pourquoi...

Johanne me demanda de communiquer avec le D^r T.
et de lui faire part de son ressentiment envers lui, de sa
difficulté à lui dire tout ce qu'elle ressentait et à bien comprendre son jargon ou simplement ses intentions et ses
motivations à son égard. Elle voulait que je lui dise qu'elle
n'avait plus confiance en lui parce qu'il avait abusé de sa
confiance.

Elle m'avait déclaré qu'elle ne comprenait pas pourquoi il tentait de détourner la conversation à chaque fois
qu'elle lui parlait de ses angoisses.

Je lui dis tout ce qu'elle m'avait demandé de lui dire au cours d'un téléphone qui se fit en présence de Johanne. Encore une fois, le Dr T. manifesta la même arrogance et la même agressivité envers moi. Mais cette fois, nous étions deux à recevoir le même traitement. Visiblement, il était aussi pressé de se débarrasser de la mère que de la fille. Il me répondit d'un ton exaspéré que si Johanne ne faisait pas de progrès, ce n'était pas de sa faute à lui (sous-entendant que c'était sa faute à elle) et que ma fille était très intelligente et qu'elle verbalisait très bien ce qu'elle ressentait (sous-entendant que ma présence ici était tout à fait inutile). Quant au manque de confiance de Johanne envers lui, il prit le ton le plus dégagé et hautain possible tout en ironisant sur le fait que s'il devait vraiment répondre à ses attentes, il lui faudrait l'adopter comme sa propre fille, et qu'alors seulement elle serait rassurée et pourrait lui accorder sa pleine confiance. Et puis, il me fit promettre de ne pas répéter, ni à Johanne ni à mon mari, ce qui allait suivre : je le laissai parler, trouvant son attitude étrange ; c'est alors qu'il me révéla que quelques mois plus tôt, Johanne s'était rendue à son appartement, tout en ajoutant qu'il ignorait comment elle avait pu le localiser, et qu'elle lui avait demandé de la prendre avec lui. Il me dit d'un ton méprisant qu'il n'était pas particulièrement séduisant et qu'il pourrait être son père. Surprise de la tournure de la conversation, je lui rappelai qu'il était psychiatre, qu'il devait en avoir vu d'autres et que Johanne recherchait la protection qu'il pouvait lui offrir.

Radouci, il reconnut que Johanne n'avait jamais été provocante avec lui. Il s'empressa cependant d'ajouter que ma fille se dirigeait vers une « presque psychose » et que la science était impuissante devant cette maladie. Ignorant ce jargon, je lui demandai de m'expliquer clairement le sens de ses paroles. En fait d'explications, je n'ai eu droit qu'à une seule phrase prononcée avec la solennité d'une condamnation, disant que si la maladie s'aggravait, elle la mènerait à l'internement.

Abasourdie par ce qu'il venait de me dire, je m'empressai de lui mentionner que la relation professionnelle qu'il avait avec ma fille ne semblait pas aller pour le mieux et qu'il se devait d'être assez franc et honnête pour le lui faire savoir, ce sur quoi il me répondit que Johanne était assez intelligente pour s'en apercevoir d'elle-même.

Suite à cette conversation que je lui avais moi-même répétée, Johanne m'expliqua dans ses mots l'épisode de sa visite au domicile du docteur; elle m'apprit qu'il n'avait cessé de lui dire (lorsqu'elle était encore en appartement) que si elle revenait vivre avec ses parents, elle régresserait dans son processus de guérison. C'est donc tout à fait dépourvue, démunie et confuse qu'au moment du renouvellement de son bail, sachant qu'elle ne pouvait ni ne voulait demeurer seule, qu'elle se rendit à son bureau. Il pratiquait dans une tour et habitait quelques étages plus haut. C'est donc très facilement (en demandant au concierge et en se présentant comme une de ses patientes) qu'elle trouva le numéro de son appartement et qu'elle alla le voir et lui offrit de tenir sa maison puisqu'il vivait seul. Geste désespéré d'une âme qui l'est tout autant.

La semaine suivant cette conversation, soit le 14 février 1977, Johanne se rendit à sa visite hebdomadaire chez le Dr T. Il lui répéta, sans aucun ménagement, qu'elle était psychotique et que cette maladie ne se guérissait pas mais que, pour plus de sûreté, il voulait faire confirmer son diagnostic par un collègue. Il lui avait donc pris un rendez-vous avec le Dr V. sans demander l'avis ou le consentement de Johanne.

Le collègue choisi par le Dr T. était déjà connu de Johanne puisqu'il faisait partie des trois psychiatres qu'elle avait rencontrés avant d'arrêter son choix sur le Dr T. Elle n'avait pas arrêté son choix sur le Dr V. car elle ne ressentait que peu d'affinités et encore moins de confiance à son égard. Le Dr T. ne pouvait faire un plus mauvais choix. Tout cela augmentait considérablement l'état de découragement dans lequel ma fille se sentait maintenant sombrer.

Elle revint de cette visite en larmes et refusa de nous adresser la parole après s'être s'enfermée dans sa chambre. La perspective de se voir confier aux soins d'une personne non désirée augmentait ses angoisses.

La situation ne faisait qu'empirer et le Dr T. ne faisait rien pour l'améliorer. Tout au contraire, toutes ses interventions nuisaient davantage à Johanne. Il n'avait pas seulement perdu le contrôle, il augmentait la charge d'une bombe qui menaçait d'exploser à tout instant.

C'est à la suite de ces événements que j'ai convaincu Johanne de consulter notre médecin de famille. C'était le 21 février 1977. Je me souviens encore de ce jour comme s'il s'agissait d'une libération. Et c'est bien de cela qu'il était question : elle échappait enfin aux griffes du diable. Johanne lui a tout raconté et lui a montré les médicaments que son psychiatre lui avait prescrits. En prenant connaissance de la prescription (300 mg d'amytripline et 300 mg de thioridasine par jour), notre médecin n'a pu réfréner un léger tressaillement ; il se reprit toutefois très vite et lui expliqua, d'une voix calme et posée, comme pour atténuer sa propre stupéfaction, que bien que ces médicaments ne soient pas toxiques, consommés sur une longue période, ils causaient un état dépressif.

Quand j'ai pris connaissance de cette nouvelle information, ce fut à mon tour d'être parcourue d'un long frisson ; j'étais partagée entre plusieurs sentiments, plus ou moins contradictoires : j'étais soulagée de pouvoir enfin identifier, en partie tout au moins, les causes de son état, et j'étais également folle de rage de savoir que Johanne était aux mains d'un tel incompétent, un irresponsable qui avait contribué à augmenter son mal plutôt que de le soulager.

Au cours de la même rencontre, notre médecin lui conseilla de se rendre au rendez-vous fixé par le Dr T. avec le Dr V., ce qu'elle refusa. Il lui offrit alors son aide, mais elle lui précisa qu'elle préférait consulter un psychiatre. Comme pour se convaincre de l'incroyable, elle demanda au médecin de lui montrer l'annuaire médical afin de vérifier si le nom de son psychiatre s'y trouvait : le Dr T. y apparaissait à titre de généraliste.

Avec l'aide de notre médecin, Johanne obtint un rendez-vous avec un nouveau psychiatre pour la semaine suivante, soit le 2 mars 1977. Lors de cette rencontre, le nouveau psychiatre modifia la prescription de médicaments et lui fixa un autre rendez-vous pour le 16 mars.

Un rendez-vous auquel elle ne se rendrait jamais. Pour elle, il serait déjà trop tard.

Chapitre six

Face à face avec le démon

L E 8 MARS 1977, Johanne est revenue de son travail vers le milieu de la matinée. Elle ne pouvait plus, me confia-t-elle, se concentrer sur son travail. Elle se sentait fatiguée, en proie à des étourdissements. De plus, ses nuits étaient agitées de cauchemars et elle se sentait davantage fatiguée au réveil qu'au coucher. Loin de la reposer, ses nuits l'épuisaient.

Le lendemain, 9 mars, fut une journée atroce pour elle. Elle fit une véritable crise de désespoir, elle ne cessait de pleurer et de frapper sa tête contre le mur. Elle prit le téléphone et communiqua avec l'urgence d'un hôpital psychiatrique afin d'y être hospitalisée.

Elle fut reçue la journée même et eut un long entretien avec le médecin traitant qui était de service ce jour-là.

J'accompagnai Johanne et au moment où j'entrai dans le bureau, alors que s'achevait leur entretien, le médecin était en conversation téléphonique avec le Dr T. Après qu'il eut raccroché, Johanne lui demanda si elle était condamnée, ce qu'il nia vivement. Il se fit rassurant, adoptant un ton calme et posé par lequel il tentait de dédramatiser la situation. Devant l'insistance de Johanne à se faire hospitaliser, il lui mentionna avoir des chambres disponibles mais que cela lui paraissait inutile dans son cas. Ayant pris connaissance du nom du nouveau psychiatre de Johanne, il lui conseilla d'attendre au prochain rendez-vous, qui devait être la semaine suivante, et de suivre sa nouvelle médication.

Je n'oublierai jamais la remarque qu'elle m'a faite sur le chemin du retour à la maison, fourbue, découragée. Elle me dit : «Il va falloir tout recommencer.» Elle se sentait découragée et envisageait le chemin à parcourir comme une nouvelle montagne à franchir.

Pour l'une des rares fois de ma vie, je ne retrouvais plus Johanne la combattante ; je la sentais écrasée par le poids de son mal, découragée et prête à baisser les bras.

Se sentant incapable de retourner au travail, elle recommuniqua, le lendemain, avec le médecin de l'hôpital afin d'obtenir un congé de maladie qu'il lui accorda jusqu'au mercredi suivant, soit le 16 mars 1977, date à laquelle elle devait rencontrer son nouveau psychiatre.

Les trois derniers jours de cette semaine, elle resta à la maison, plus souvent dans sa chambre qu'auprès de moi. Elle était très tourmentée.

Le samedi suivant, nous fêtions un anniversaire en famille. Elle se rendit chez le coiffeur et fit quelques achats. Au cours de cette soirée au restaurant, elle nous apparut un peu moins triste. Le lendemain, dimanche, je lui proposai de rendre visite à une cousine qu'elle aimait bien. Je tentais de lui trouver des distractions afin qu'elle oublie un peu ses ennuis et qu'elle cesse de se torturer. Je voulais qu'elle se change les idées, qu'elle voie des gens, qu'elle s'amuse un peu. C'était peine perdue. Elle était enfermée dans ses pensées. Nous avons dû écourter notre visite parce que Johanne déclara qu'elle ne se sentait pas bien.

Toujours dans le but de lui changer les idées, j'avais convaincu ma fille de travailler avec moi à refaire la décoration de sa chambre. À cette fin, nous avions convenu de nous rendre chez le marchand de tapis. En ce lundi matin, Johanne se sentant fatiguée et indécise, je lui fixai un rendez-vous pour le dîner afin qu'elle puisse se préparer tout doucement.

À son arrivée au restaurant, j'ai noté sa pâleur. Son regard semblait vide, détaché de la réalité. Elle était venue me retrouver, mais visiblement l'intérêt n'y était pas. Je lui suggérai de manger, et puis je lui dis qu'on remettrait à plus tard nos projets. Après le repas, comme Johanne se sentait mieux, nous avons effectué quelques achats et nous nous sommes quittées au milieu de l'après-midi. À la maison, le soir venu, et sans grand enthousiasme de sa part, je dois le dire, nous avons regardé les différents achats faits chacune de notre côté. Je la trouvais alors moins triste, mais encore très abattue. Il y avait une telle absence dans son regard que je ne savais plus très bien comment rétablir une véritable communication.

Je la revois encore se promener de long en large dans la maison, le lendemain matin... Elle était très angoissée et on aurait dit que tout son sang s'était retiré de son visage tant elle était livide.

Sur mon conseil, elle prit un bain chaud pour se détendre pendant que je lui choisissais des revues pour la distraire. Les magazines ne l'intéressaient pas et elle décida d'aller se promener. Elle portait le manteau court et les bottes achetés la veille. Je ne m'inquiétais pas outre mesure, connaissant l'effet bénéfique de la marche chez Johanne ; cela l'apaisait et je lui demandai de me rapporter du lait à son retour.

Tout en préparant le repas du midi et comme elle tardait, j'eus soudain une peur atroce. C'était irraisonné et irrépressible. C'était comme une grande épée de glace qui me traversait le corps. Des images inquiétantes m'assaillaient. Je revoyais le visage de Johanne déformé par la souffrance. Je tentais de me ressaisir, de me raisonner en me disant qu'il ne fallait pas céder à la panique et aux inquiétudes que l'état de Johanne n'avaient cessé d'alimenter ces derniers temps.

C'est pourtant à cet instant précis, j'en suis certaine, que Johanne s'enlevait la vie en se jetant devant le métro à la station Jean-Talon. Une demi-heure plus tard, je recevais l'appel des policiers qui demandaient à ce que je me rende à l'hôpital, car notre fille « avait eu un accident ».

Le pire, l'inconcevable, était arrivé. Le temps et l'espace étaient abolis. Johanne m'avait communiqué dans ses derniers instants une petite parcelle de ses peurs et de ses angoisses. Je l'avais ressentie, cette parcelle, jusqu'au tréfonds de mon être. Mais j'avais été impuissante à lui venir en aide. Je n'ai rien vu des derniers instants de Johanne, mais j'ai tout ressenti.

En apprenant des autorités de l'hôpital la mort de ma fille, en entendant les mots fatidiques qui résonnent encore à mes oreilles, à cet instant où l'horreur se réalise et s'incarne devant vous, vous cessez d'exister à votre tour pour pénétrer dans un cauchemar où la souffrance est si grande que vous souhaitez à votre tour disparaître pour que la douleur disparaisse avec vous.

Cette douleur, elle est indicible et indescriptible. La perte d'un enfant, c'est la perte de son sang, de sa chair, de son âme. La mort de son enfant, c'est une déchirure qui ne se refermera jamais, un gouffre de douleur sans fond.

Chapitre sept

On ne meurt que deux fois

MON PREMIER GESTE en entrant à la maison fut de téléphoner au Dr T., faux psychiatre et assassin véritable, pour lui apprendre ce qui venait d'arriver. Avec son tact habituel, il me dit que cela ne le surprenait pas. C'est précisément à partir de ce moment-là que j'ai sincèrement souhaité sa mort. Ou plutôt, que j'ai sincèrement désiré le tuer. Rien ne m'aurait plus soulagé que de l'étrangler de mes propres mains.

J'ai tenté de reprendre mes esprits et j'ai fait de grands efforts pour garder à mon discours une certaine cohérence : je lui ai reproché sa conduite avec ma fille, je lui ai dit qu'il l'avait droguée pour s'en débarrasser, que j'avais découvert qu'il n'était pas psychiatre et qu'il avait trompé Johanne à ce sujet. Est-ce la peur qui le motiva à changer le ton de sa voix et son discours ? En tout cas il me dit alors qu'il était atterré et il s'empressa de me demander combien de fois Johanne avait vu son nouveau psychiatre.

Craignait-il ce que ma fille avait pu lui dire? Avant de rompre la communication, j'ai tout simplement demandé au Dr T. s'il avait la moindre idée de ce que ce serait, pour nous, de vivre avec cette horreur. Sur ces dernières paroles, j'ai raccroché.

À l'hôpital, j'avais rencontré plus de sympathie et plus de chaleur parmi le personnel que de la part de ce charlatan.

Lorsque le policier présent à l'hôpital nous a interrogés sur le possible état dépressif de ma fille, je savais ce qui venait de se produire. C'est une question qui accompagne invariablement un terrible constat: le suicide. J'aurais voulu croire qu'il puisse s'agir d'une tentative infructueuse, pourtant quelque chose en moi savait qu'elle était bien morte. Le policier fit venir le docteur et resta avec nous jusqu'à ce que nous soyons plus calmes. Calmes, nous l'étions en effet; c'est-à-dire que nous étions atterrés, anéantis, démolis. Incapables de réagir, habitant une autre planète. Comme je pouvais m'y attendre, mon mari démontra le plus grand contrôle. Lorsque le policier nous offrit de nous reconduire, Rosaire l'assura que nous pouvions revenir seuls. De mon côté, je ne me sentais pas plus capable d'acquiescer ou de m'opposer. Incapable de réagir, il m'était indifférent d'être ici ou ailleurs. Plus rien n'avait d'importance. Il n'y avait plus en moi que le heurt contradictoire d'un état de violence qui faisait monter la rage en moi et un état de souffrance qui me laissait dans le plus grand abattement.

Voici comment prenait fin une sordide thérapie, administrée par un faux thérapeute, un usurpateur irresponsable. Fin tragique, injuste et absurde où une jeune fille âgée de vingt-deux ans seulement perdait la vie, un mois à peine après le dernier rendez-vous avec celui qui lui, d'après moi, avait pavé le chemin de sa mort.

❧

C'est peu de temps après les funérailles que j'ai ressenti, comme un irrésistible instinct de survie, le besoin de faire justice autour de la mort de ma fille. Je voulais dénoncer ce qui m'apparaissait un acte criminel, tout en criant haut et fort ma peine et ma douleur. Il s'agissait à la fois de rendre hommage à la mémoire de ma fille et à sa fierté bafouée, et de mener à mes yeux le dernier combat pour la vérité, seule entreprise que je jugeais digne d'entreprendre, comme un ultime hommage que je devais à Johanne.

L'injustice, ce sentiment que nous avions toutes deux ressenti et combattu, ce sentiment qui nous avait fait l'une et l'autre tant souffrir, devenait, dans le combat que je voulais lui mener, ma dernière rencontre avec Johanne, le dernier lien qui nous unissait.

Très tôt, je communiquai avec un avocat, qui nous déconseilla d'intenter un procès mais de plutôt faire appel à la Corporation professionnelle des médecins qui avait juridiction pour traiter les plaintes se rapportant aux médecins. C'était, m'avait-il convaincu, la voie la plus raisonnable à suivre, celle par laquelle je pourrais obtenir justice ; à défaut de ma fille, je retrouverais un peu de cet honneur perdu.

J'étais loin de me douter que derrière la douleur de la perte de ma fille, j'allais rencontrer la douleur et l'humiliation de la machine bureaucratique qui, dans l'inhumanité de son fonctionnement, allait parvenir à faire mourir ma fille une seconde fois, devant mes yeux de mère impuissante, réduite à sa stricte condition de « plaignante ». C'est alors qu'a commencé pour moi un calvaire qui, d'une certaine façon, ne connaîtrait pas de fin. Un peu comme si l'on m'interdisait de jamais en finir avec le deuil de mon enfant.

Ignorant encore tout ce qui allait suivre, je me suis présentée à la Corporation pour porter plainte, avec l'innocence de l'agneau allant au-devant du boucher. La Corporation des médecins, m'a-t-on appris, ne recevait les plaintes que par écrit. Ce que je m'employai à faire durant les jours qui suivirent. Le bureau du Syndic reçut donc mon dossier le 18 avril 1977 avec tous les renseignements requis, les noms et numéros de téléphone des deux pharmaciens qui avaient refusé de remplir les ordonnances farfelues du pseudo thérapeute, et la description de la plainte que je portais. Elle se résumait aux points suivants :

1- pratique illégale d'une spécialité pour laquelle le Dr T. n'avait reçu aucune formation ;

2- dosage excessif et abusif de médicaments ;
3- diagnostic terrifiant.

Je terminais ma requête en leur offrant ma très grande disponibilité pour leur faire part de toutes informations supplémentaires.

Dans une longue lettre de sept pages, j'ai décrit le déroulement des derniers événements précédant la mort de Johanne, sa perte de confiance graduelle envers son psychiatre, le diagnostic terrifiant de celui-ci à l'égard de ma fille, induisant un état de panique compréhensible, son dosage excessif de médicaments, sans oublier de relater la teneur de mes conversations téléphoniques avec ce médecin qui se prétendait psychiatre.

La réponse laconique de la Corporation, trois mois plus tard, nous fit l'effet d'une douche froide :

15 juillet 1977

Chère madame,

À la suite de l'étude de la plainte concernant les soins donnés par le docteur T. à votre fille Johanne, le comité d'examen des plaintes a pu constater que les soins donnés par le docteur T. étaient des soins de bonne qualité.

Un médecin licencié peut poser des actes de nature psychiatrique, même s'il ne détient pas un certificat de spécialiste en psychiatrie. Il ne peut cependant s'intituler psychiatre.

Nous vous remercions d'avoir soumis ce cas à notre attention et nous vous prions d'accepter l'expression de nos sentiments les meilleurs.

Surprise de la réponse de la Corporation, j'étais replongée en plein désarroi. Je m'efforçais en relisant la lettre de comprendre la signification profonde de cette corporation qui était censée me venir en aide. En effet, je ne trouvais nulle part mention des médicaments prescrits, ni du diagnostic terrifiant du Dr T. Nous avons interprété, mon mari et moi, cette lettre comme une fin de non-recevoir à notre plainte.

C'est alors que j'ai consulté un second avocat. Je lui fis lire cette lettre et celui-ci me déconseilla de faire appel aux tribunaux étant donné l'investissement économique que représentait une telle avenue. C'était une aventure longue et douloureuse et particulièrement onéreuse où il persistait tout de même un doute de ne pas trouver justice, à mes yeux tout au moins.

Désemparée et presque découragée, je ne savais où m'adresser pour obtenir justice mais je ne pouvais me résoudre à abandonner mes démarches. C'était devenu un combat personnel que je devais mener avec l'acharnement d'un condamné qui demande justice. Il me fallait réunir moi-même des preuves accablantes, me faire l'inspecteur de mon enquête, l'avocat de ma cause, m'armer de patience et faire preuve de ruse s'il le fallait. Une chose était certaine : je ne voulais pas abandonner le combat.

Aussitôt que le nouvel annuaire téléphonique fit son apparition, je m'empressai de vérifier l'appellation du Dʳ T. pour me rendre compte qu'il pratiquait toujours sous le titre de psychiatre. Je communiquai une fois de plus avec la Corporation pour leur demander des explications puisque leur lettre faisait état que le Dʳ T. ne pouvait porter ce titre. La personne qui me renseigna me précisa que l'annuaire était imprimé longtemps à l'avance et de ne pas m'inquiéter, car ils verraient à ce que ce titre ne soit plus utilisé par le Dʳ T.

En effet, l'année suivante, le Dʳ T. ne portait plus le titre de psychiatre. En lieu et place, je découvrais maintenant qu'il était... sexologue! Manifestement, l'usurpateur n'en était pas à ses dernières frasques. J'ai alors recommuniqué avec la Corporation des médecins pour leur demander s'ils avaient fait cadeau d'un diplôme à l'un de leur membre. Entre le laxisme de la corporation et les pratiques d'un faussaire, il ne me restait plus que l'ironie... J'essayais de comprendre pourquoi la Corporation agissait de la sorte et quelles étaient ses motivations profondes, mais je n'y arrivais pas.

Le combat que j'entreprenais, sans savoir qu'il allait être aussi long et pénible, coïncidait avec une période de remise en question radicale. Les relations entre mon mari et moi furent à jamais rompues, du moins sous leurs formes existant jusque-là. Je ressentais maintenant une grande agressivité face à lui et à sa passivité. Ses absences et son silence m'apparaissaient comme autant de circonstances coupables face à la mort de notre fille. Si aujourd'hui, après son décès, je suis plus à même de faire la part des choses et de reconnaître la souffrance dont il a été victime, de reconnaître également ses nombreuses qualités découlant de ses défauts, durant les premiers temps qui ont suivi la mort de Johanne, j'avais trop de colère contre le monde entier pour que mon mari y échappe à son tour.

C'est également à ce moment-là que je me suis intéressée à la psychologie et à la psychanalyse. J'ai fait de nombreuses lectures. À la télévision ou à la radio, je suivais toujours avec grand intérêt les émissions traitant de ces sujets.

Dans mon acharnement à vouloir obtenir justice, j'ai aussi fait parvenir le dossier complet dont la Corporation avait déjà obtenu copie à quelques psychiatres que j'ai rencontrés par la suite afin qu'ils me fassent part de leur opinion. Tous, sans exception, étaient en désaccord avec le diagnostic du Dr T. relatif à la psychose de Johanne. Ce constat unanime ne pouvait que me confirmer dans ma cause.

C'est au cours de ces différentes rencontres avec ces psychiatres que j'ai eu la confirmation que la dose de médicaments consommés par Johanne était dangereuse. Pris isolément, ces médicaments n'étaient pas nécessairement nocifs, pris ensembles, ils formaient un cocktail explosif.

Au cours de mes lectures, je suis tombée sur cet extrait d'une entrevue accordée par un médecin à un journaliste.

Pas n'importe quel médecin puisqu'il s'agissait du président de la Corporation des médecins du Québec. Le passage qui suit n'avait pas manqué de retenir toute mon attention:

> *Le rôle du médecin, c'est d'aider son malade selon les meilleures données de la science. Nos paramètres sont clairs. Le médecin n'a évidemment pas le droit de poser un geste illégal et il n'est pas obligé, sauf en cas d'urgence, d'intervenir quand ça va contre sa conscience. S'il sait qu'en administrant des médicaments il nuit au malade, il agit contre l'éthique professionnelle: s'il y avait une plainte en ce sens, il aurait des problèmes avec la Corporation même si le geste n'était pas considéré illégal au sens de la Loi.*

Comment le président d'une corporation professionnelle pouvait-il tenir de tels propos alors que je n'avais reçu de cette corporation qu'une fin de non-recevoir? Pourquoi une telle contradiction?

En écoutant une émission télévisée, je remarquai la présence du Dr Jean-Yves Roy qui venait de publier un livre et en faisait la promotion. Je communiquai avec lui et lui demandai s'il voulait bien m'aider dans mes démarches et ma vie personnelle, ce qu'il accepta.

Je me rendis à son bureau avec les écrits de Johanne et lorsqu'il en prit connaissance, quelle ne fut pas ma déception d'apprendre qu'il ne voulait pas s'impliquer dans ce litige. De nouveau en proie au découragement, j'ignorais alors que son aide pouvait prendre d'autres formes et ne se limitait pas à son éventuelle intervention dans le dossier de ma fille.

Comme j'avais oublié les écrits de Johanne à son bureau, je m'y présentai à nouveau, quelque temps plus tard. C'est ainsi que débuta, peu après, une thérapie qui devait durer trois mois.

Nous avons parlé de mon enfance, de ma vie au sein du cercle familial, de ma vie de femme au sein du couple et de Johanne, bien entendu.

C'est grâce à lui que j'ai compris un peu mieux la nature du mal dont souffrait Johanne. Avec lui, j'ai pu remonter le cours de notre histoire, la mienne et celle de Johanne ; j'ai été plus à même de comprendre certains aspects de la vie de mon mari. J'ai fait resurgir à ma mémoire des souvenirs oubliés ou occultés. Toutes ces heures passées à son bureau m'ont permis en quelque sorte d'amorcer ce récit, ou tout au moins de recueillir et de mieux comprendre certains des faits que je relate aujourd'hui.

Lors de ces discussions, le Dr Jean-Yves Roy me demanda si j'étais consciente de la maladie de Johanne, ce à quoi je lui répondis que puisque Johanne avait elle-même entrepris, sans aucune contrainte, un traitement médical, c'est qu'elle ne se sentait pas bien et qu'elle voulait guérir, ce à quoi je l'avais constamment encouragée.

Le Dr Roy m'expliqua que nous sommes tous névrosés à des degrés différents. Il me dit que Johanne se situait dans un état frontière entre la névrose et la psychose et qu'un rien pouvait la faire basculer. Il me mentionna qu'à son avis, Johanne était une personne d'une intelligence supérieure, d'une extrême sensibilité et d'une grande lucidité pour son âge. Il me dit également qu'elle avait beaucoup souffert dans son corps et dans son âme, qu'elle avait tenté désespérément de s'en sortir et que manifestement le Dr T. n'avait pas la formation suffisante pour la soigner.

Il me précisa que les médicaments consommés par Johanne ne pouvaient la guérir, et qu'une thérapie, s'étalant sur plusieurs années, dirigée par un spécialiste compétent, aurait eu de meilleurs résultats que l'emploi abusif et inconsidéré de médicaments. En résumé, il pensait que le Dr T. avait agi dans la précipitation en voulant aller trop vite et sans souci des conséquences que cela pouvait entraîner.

Au fur et à mesure de nos rencontres, il s'avéra que son désir de ne pas s'impliquer ou de s'ingérer dans le cas de Johanne auprès de la Corporation s'estompait un peu. Il s'engagea à faire parvenir à la Corporation son opinion sur le dossier médical de Johanne après étude de ses écrits et il me promit qu'il verrait à faire les recommandations appropriées. Alors qu'il préparait son intervention, je décidai d'approfondir et de compléter le dossier que j'avais déjà présenté à la Corporation. J'avais retrouvé, pensais-je, suffisamment de force et de courage pour continuer un travail commencé dans la peine et la douleur, (trop) peu de temps après la mort de ma fille.

Comme pour confirmer la piètre opinion que j'avais
de l'efficacité du travail bureaucratique de la Corporation,
ce n'est qu'en octobre 1980 que j'ai reçu copie de la note
du Dr Roy émise à l'attention de la Corporation.

Dans l'intervalle, j'avais complété mon dossier personnel avec les nouveaux éléments recueillis lors de mes
communications avec différents psychiatres et les preuves
de publicité du Dr T. qui s'annonçait d'abord comme
psychiatre et maintenant comme sexologue. Je me rendis
moi-même porter ce dossier à la Corporation, le 20 juin
1980, mais on le refusa, en prétextant que ce dossier était
clos, ayant été réglé en 1977, et que dorénavant, nous
devrions nous adresser à des avocats pour obtenir un jugement contre le D^r T.

❧

Lorsque je revins à la maison, la mort dans l'âme, le récit
que je fis à mon mari de cette rencontre suscita sa colère
et, à ma très grande surprise, il écrivit une lettre à la Corporation. Ce n'est pas tant sa colère qui me surprit que le
geste qu'il posa. Pour la première fois, il entreprenait des
démarches en son nom. Il me faut préciser ici que si je me
suis sentie soutenue par lui, et bien que jamais je n'avais
senti qu'il puisse être indifférent au combat que je menais,
jamais encore je ne l'avais vu sortir de sa passivité et entreprendre de telles démarches. Dans sa lettre, il mentionnait
leur façon très cavalière de recevoir les plaignants, tout en

soulignant que cela était indigne de l'image que véhicule la profession médicale. Tout en ajoutant que le Dr Jean-Yves Roy concluait à l'incompétence du Dr T. dans le traitement médical de Johanne, il enjoignit la Corporation à poursuivre le Dr T. pour exercice illégal de la psychiatrie au même titre que la Corporation se devait de poursuivre tout individu qui pratique illégalement la médecine. La lettre était adressée au président de la Corporation.

Le 16 juillet 1980

Docteur,

Vous avez refusé de recevoir ma femme la semaine dernière et vous avez envoyé une secrétaire pour lui dire que vous aviez réglé ce dossier en 1977 et que tout était terminé pour vous : tout ceci dit d'une façon bien cavalière.

Docteur, à titre de président d'une corporation professionnelle, vous êtes tenu de prendre connaissance de nos plaintes.

J'insiste donc pour que vous lisiez ce dossier au complet.

Le Dr Jean-Yves Roy a dit à ma femme qu'il vous recommanderait de faire suivre une psychanalyse au Dr T., moi je vous dit que vous devez le poursuivre de la même façon que vous poursuivez ceux qui ne sont pas membres de votre corporation et qui pratiquent la médecine illégalement.

*(...) Ce dossier fera le tour de la province s'il le faut,
mais il va aboutir.*

Cette lettre eut pour effet de sensibiliser la Corporation qui nous fit part qu'elle consentait à rouvrir le
dossier compte tenu du témoignage du Dr Roy... Peut-on
ajouter que la menace de « faire le tour de la province » à
cette affaire a pu jouer un certain rôle ?
Il y aurait donc une nouvelle enquête! La nouvelle
nous parvint peu de temps après l'envoi de mon mari dans
la lettre suivante :

31 juillet 1980

Cher monsieur,

*Votre lettre du 16 juillet 1980 adressée au Dr A.R. m'a été
transmise, en l'absence de celui-ci. J'ai lu cette lettre atten-
tivement et j'ai pris connaissance de l'ensemble du dossier
auquel elle réfère.*

*Permettez-moi d'abord de préciser que le Dr A.R. n'a
jamais refusé de recevoir votre épouse. Le docteur R., de
par ses fonctions, doit s'absenter fréquemment de la Corporation et il n'était effectivement pas à ses bureaux lors de
la visite de Madame Jasmin. Il faut d'ailleurs noter qu'à
chaque fois que votre épouse s'est présentée à la Corporation, elle n'avait pris aucun rendez-vous au préalable.*

*Dans votre lettre, vous mentionnez qu'en 1978, le
docteur T. s'annonçait comme sexologue pour les individus*

et les couples. À ce sujet, je dois vous dire qu'à la suite de l'enquête faite en 1977, le docteur T. avait été averti par la Corporation de rendre sa publicité conforme au règlement de la Corporation ; comme il n'a pas tenu compte de cet avertissement, celle-ci l'a cité devant son Comité de discipline en 1979.

Dans votre nouvelle requête, vous présentez quelques éléments nouveaux, à savoir «l'opinion» du docteur J.Y.R. et l'affirmation de M.M.B. qui aurait vu votre fille en compagnie du docteur T. au Mont-Tremblant. Compte tenu de ces nouveaux éléments, je demande au Syndic de la Corporation de rouvrir le dossier et de procéder à une nouvelle enquête à l'égard de votre plainte.

Veuillez agréer, cher Monsieur, l'expression de mes meilleurs sentiments.

Entre-temps, désespérée des refus répétés de la Corporation et ne sachant plus à quelle instance en appeler, j'avais envoyé le dossier à divers ministères et organismes gouvernementaux. C'est du ministère des Affaires sociales que je reçus une longue lettre très éclairante. Je n'en citerai que quelques extraits :

Madame,

J'ai pris connaissance de tous les documents que vous nous avez soumis concernant votre fille Johanne.(...) Vous comprendrez, cependant, qu'il est assez difficile pour le M.A.S. de se prononcer sur un cas de responsabilité médicale d'autant plus qu'il s'agit d'une situation purement privée et que de plus, le problème relève directement de la Corporation professionnelle des médecins du Québec.

Néanmoins, il me fait plaisir de vous fournir quelques indications qui seront peut-être susceptibles de répondre à votre question.(...) Pour ce qui est de la responsabilité strictement médicale que le médecin en question peut encourir relativement à la mort de votre fille, vous comprendrez qu'il nous est impossible de nous prononcer, étant donné qu'une telle accusation, en plus de ne pas être de notre domaine, est soumise à un régime de preuve assez spécial. Il ne faut jamais oublier que le médecin, en soignant un patient, n'est pas soumis à une obligation de résultat mais seulement à une obligation de moyens. En d'autres mots, il s'agit pour le médecin non pas de garantir la guérison mais plutôt de s'assurer qu'il prend tous les moyens nécessaires pour mener à la guérison. Le médecin ne prend pas l'engagement de guérir mais il prend l'engagement de donner au malade des soins, non pas quelconques mais consciencieux et attentifs et, sous réserve de circonstances exceptionnelles, conformes aux données déjà acquises de la science. Il faudrait prouver que ce médecin n'a pas agi en homme prudent et avisé, chose qui n'est pas nécessairement facile à faire.(...) Il serait de beaucoup préférable que vous soumettiez le problème à un procureur privé si vous jugez que la chose en vaut la peine.

Espérant le tout à votre entière satisfaction, je vous prie...

Que dire de cette «obligation de moyens que doit prendre le médecin pour mener le patient à sa guérison»? Comment un médecin n'ayant reçu aucune formation en psychiatrie peut-il donner des soins «non pas quelconques mais consciencieux et attentifs et sous réserve de circonstances exceptionnelles, conformes aux données déjà acquises de la science», dont fait état la lettre?

En prétendant être psychiatre, en leurrant sa patiente et en émettant un diagnostic non fondé, le Dr T. a-t-il agi en médecin prudent et avisé?

L'opinion du Dr Jean-Yves Roy n'était pas moins accablante quant à la conduite du Dr T.

Je la reproduis ci-dessous, presque intégralement.

Monsieur,

Johanne Jasmin s'est suicidée il y a de cela trois ans. Et sa mère au cours des derniers mois m'a consulté à plusieurs reprises. Il est clair qu'elle éprouve, même après ces années, une tristesse importante au sujet de cette mort. Mais il y a plus. Elle ressent également, à l'endroit du thérapeute de Johanne, une colère qui paraît en très grande partie justifiée. C'est à ce propos que je vous joins, ce jour, mon commentaire.

Notre corporation, nous aimons l'affirmer, se préoccupe de l'éthique du rapport médecin-malade. Ce cas-ci nous concerne tous. Quelque chose d'une maladresse malencontreuse semble en effet avoir terni la relation entre le docteur T., sa patiente puis la famille de cette dernière.

Ce document ne constitue en rien une preuve. Il se fonde uniquement sur du ouï-dire. Dans un esprit de dignité humaine toutefois, je crois qu'il peut contribuer à éclaircir une situation malheureusement fréquente. C'est donc dans cet esprit que je vous le livre. Conscient des limites intrinsèques à une analyse post-mortem. Mais soucieux par ailleurs de mieux saisir ce qui est véritablement en jeu dans le travail qui nous occupe.

(...)

Le diagnostic a posteriori

Nous disposons, pour cerner cette situation, d'éléments peu nombreux, précaires, presque intangibles. Pourtant, il nous incombe d'aller au bout de ces fragments. Nous considérerons donc, avec une grande attention, le journal de Johanne, le récit de la mère, le récit de la relation au thérapeute. De là, nous cherchons à percevoir un état de fait, réservant pour la suite un commentaire plus spécifique sur la relation médecin-malade.

Le journal

Nous joignons à ce dossier quelques pages dactylographiées du journal de Johanne Jasmin. Il s'agit des dernières réflexions écrites de la patiente. Le journal cesse deux jours avant sa mort. Il peut donc nous servir d'indice de l'état de la patiente à cette époque. Et à ce titre il justifie un commentaire.

Les traits généraux qu'on y découvre sont assez explicites. Certains parleraient de faiblesse du moi. D'autres, de très profondes difficultés identificatoires. Quoi qu'il en soit, nous tomberions et les uns et les autres d'accord pour parler d'une jeune fille dont les difficultés à entrer dans la vie étaient énormes. Elle semble se poser, pour ainsi dire, en spectateur. En spectateur de son échec. Et en spectateur de son impuissance à être acteur.

(...) Les autres vivent. Le métro roule. La cohue bouge. La vie circule. Elle n'attrape pas le train. Se demandant où il va. Se demandant surtout pourquoi il s'agite tant. Elle en suffoque. Elle le dit, le dit même très bien : avec une sensibilité qui touche parfois au littéraire. Son désarroi ne fait pas de doute.

Il est toujours facile et aussi facilement prétentieux d'établir un diagnostic dans l'après coup des événements. Il n'en demeure pas moins que cette jeune fille se présente tout d'abord comme une prépsychotique. Non délirante, c'est clair. Mais de structure narcissique limitrophe.(...)

Les entretiens avec la mère

Dans le récit qu'elle nous fait de la vie de sa fille, Madame Jasmin corrobore cette toute première impression. Johanne était brillante. Mais quelque part, elle avait également un mal profond à vivre.

Dans le choix de ses amis, par exemple, Johanne manquera quelque peu de nuances. C'est-à-dire qu'elle fera confiance, et même confiance aveugle à des gens par rapport auxquels, souvent, il y aurait lieu d'être un peu plus prudent.(...)

L'idéalisme prévaut également. C'est-à-dire que Johanne vit comme déchirements existentiels certaines circonstances de compromis humain. Ne tolère qu'exceptionnellement la non-perfection absolue de nos semblables. Elle a sans doute raison quelque part : là n'est pas la question. Mais elle s'en bouleverse au point de ne presque plus exister. Elle souffre ultimement. Quasiment sans nuances. D'où l'impression, pour la mère, d'une fragilité considérable chez sa fille. D'où, également peut-être, une relative surprotection.

Histoire familiale

(...) Le père aurait été, au point de départ, passablement absent : c'est-à-dire davantage préoccupé de mettre sur pied son commerce et laissant davantage le soin de la maisonnée à son épouse. Madame Jasmin ne se serait pas toujours sentie très appuyée et aurait investi ses deux filles d'attentes narcissiques considérables.

Il semble bien que Johanne, dans les années qui ont précédé sa mort, ait été en train d'essayer de sortir de cette constellation. Elle tentait de porter ailleurs qu'en sa famille sa confiance. Elle essayait par elle-même d'évaluer diverses situations tout en s'en remettant, au bout du compte, à ceux qui semblaient savoir tellement plus sagement qu'elle.

Le mouvement, donc, en est un de va-et-vient. Et il est plausible, en ce sens, que la relation de Johanne Jasmin avec son thérapeute se soit inscrite dans une telle volonté ambivalente d'affranchissement. C'est même plus que probable.

Un détail de cette vie familiale peut avoir ici une importance certaine. Il s'agit de la circulation de l'agressivité. Nous ne pouvons pas nier que, si Madame Jasmin poursuit aujourd'hui le thérapeute et la Corporation, c'est bien aussi que, quelque part, son idéal se trouve déçu. Cette remarque recoupe le commentaire que nous formulions tout à l'heure à propos de la fille. Quand nous disions, plus expressément, qu'elle ne tolérait que très mal que le monde la déçoive.

Il me semble bien qu'à l'intérieur du milieu familial il y ait eu de telles déceptions. D'un membre à l'autre de la famille. (Il semble que l'on parlait très peu de ces déceptions pourtant fort vraisemblables, dans tout milieu simplement humain.) L'agressivité, en revanche, s'adressait librement à l'endroit du monde extérieur s'il décevait. Comme dans le cas présent. Et la Corporation a reçu, à ce jour, je crois, suffisamment de témoignages de ce que nous avançons ici.

La relation médecin-malade

(...) Dans le cas qui nous occupe, le Docteur T. a, semble-t-il, posé adéquatement son diagnostic. Il s'est bientôt vu aux prises avec une patiente atteinte d'une maladie majeure. Il s'est sans doute également senti coincé dans un contre-transfert décevant. Et ce contre-transfert a fait irruption dans la relation avec la patiente, à qui il a précisé son diagnostic, le risque de psychose, et l'état

difficile où il la voyait avec la famille, à qui il a tenté de fermer les portes de façon brutale.

La fille était malade, c'est juste : il n'était pas nécessaire, toutefois, de la confronter si radicalement à sa blessure narcissique.

La famille était intrusive, c'est juste. Mais, là encore, le thérapeute aurait pu s'éviter bon nombre de griefs et de réprobations s'il avait agi simplement avec plus de tact et de diplomatie.

En guise de conclusion
Dans ce que je connais de la relation médecin-malade dans cette situation qui nous occupe, il n'y a pas, en soi, de «malpractice». Il arrive à chacun de nous d'être débordé par un contre-transfert ou une situation clinique difficile.

Les motifs, toutefois, en pareilles circonstances, d'agir avec tact et patience en tenant compte de sa propre agressivité et du sentiment d'impuissance où l'on se retrouve sont d'autant plus nombreux.

Quand la mère annonce au médecin le suicide de sa fille, il n'est pas très utile d'établir : «Vous savez, madame, ce que vous me dites là ne me surprend pas», avec une arrogance qui nie le pénible réel.

(...) Il coûte souvent moins cher à moyen terme de prendre sur soi la blessure narcissique associée à ce transfert : de dire «j'ai des difficultés ou des limites».

En théorie tout au moins, le thérapeute devrait être suffisamment solide pour se confronter lui-même à ses

propres limites sans imposer le fardeau de son impuissance
à quelqu'un d'autre, voire au malade.

(...) Il est simplement affolant de constater une fois de
plus que ce qui manque à quelques-uns de nos confrères, ce
ne sont pas tout d'abord des notions de pathologie psychia-
trique, mais tout bêtement des notions de base des règles
rudimentaires de relation humaine.

J.Y.R., m.p.

Quelle ne fut pas ma surprise et ma stupeur (et ma
déception, et ma colère!) en lisant ce rapport. Je ne recon-
naissais plus le discours du médecin en qui j'avais mis
toute ma confiance et en qui j'attendais qu'il vienne
dénoncer de façon claire les fautes médicales de l'usurpateur. Ne m'avait-il pas parlé «d'incompétence» concernant
le Dr T.? De nouveau, je me suis sentie trahie, revivant
une fois de plus ma douleur qui se mélangeait à un sentiment d'humiliation et de révolte. Sur le coup, je refusais de
comprendre les implications de sa note. Bien qu'encore
aujourd'hui je ne puis partager son opinion sur le Dr T., le
diagnostic qu'il émettait à l'égard de ma fille me blessait
et je ne cherchais pas à le comprendre davantage. Je trouvais cette note injuste. Mon erreur avait été d'avoir voulu
voir dans la personne du Dr Jean-Yves Roy un justicier et
un redresseur de tort, alors qu'il n'avait accepté de se prononcer (ce que je comprends et accepte — un peu —
mieux aujourd'hui) qu'en sa qualité de médecin psychiatre.
Je lui reprochais de n'avoir pas trouvé la force et le courage

nécessaires pour dénoncer l'incompétence d'un collègue. Encore une fois, comme cela avait été le cas à la Corporation, je sentais que la solidarité professionnelle avait prévalu sur le sentiment de justice et de dignité humaine.

Pour ce qui était de la Corporation, comment pouvais-je en attendre davantage d'une machine bureaucratique qui se présentait de plus en plus comme juge et partie dans une cause qui mettait en question le comportement éthique de la profession? Mais du Dr Roy, j'attendais plus que la simple mise en accusation du milieu familial alors que le milieu médical était à mes yeux davantage coupable.

Tel était mon jugement à cette époque et s'il s'est un peu atténué avec le temps, il n'a pas fondamentalement changé. Suis-je injuste ou trop exigeante à l'égard du monde extérieur comme le souligne le Dr Roy? Peut-être, mais pour ma part, l'injustice la plus grande gît six pieds sous terre, là où ma fille ne mérite pas d'être.

Reprenant l'opinion du médecin, je ferai les commentaires suivants: il est vrai que mon mari n'était pas très présent, mais n'était-ce pas là le lot de bien des familles au Québec? Il était tout à fait courant, à cette époque, que les pères soient absents, jouant le rôle de pourvoyeurs tel que le prescrivaient les valeurs de cette époque. Les mères étaient effectivement plus présentes à la maison et devaient coordonner les activités familiales et les différentes tâches de la maisonnée. Mais cela était-il suffisant pour créer chez les enfants psychose et névrose? Ce diagnostic qu'il allait chercher m'apparaissait comme l'illustration de la fable de la poutre et de la paille. Ici, on ne s'acharnait pas seulement à chercher la paille dans l'œil du voisin, on dressait une forêt de pailles pour ne pas voir, dans l'incompétence d'un collègue, la poutre qui se dressait au milieu de la profession.

Ce qui m'embrasait de colère dans cette note (qui, bien entendu, ne m'était pas adressée, j'en conviens) était le ton presque désinvolte avec lequel l'on traitait de l'impatience ou des limites du Dr T., alors que de son comportement résultaient des situations proprement catastrophiques pour ma fille. Il n'y avait pas qu'un manque de tact, il y avait surtout les souffrances de ma fille.

Ce qui, aux dires du Dr Roy, m'aurait troublé est le fait de ne pas avoir été écoutée. Non. Ce que je ne peux accepter, c'est que l'on me dise que ma fille aurait pu vivre pendant des années si elle avait reçu des soins adéquats. Ce qui me révolte, ce n'est pas de n'avoir pas été entendue, c'est que ma fille ne l'ait pas été. Et qu'elle en soit morte. La brusquerie du Dr T. à mon égard évoquée par le Dr Roy n'est rien en comparaison de la douleur que j'ai ressentie (et que je ressens toujours) face à la mort de ma fille. Le mauvais traitement, c'est aujourd'hui qu'il me le fait subir, à moi, après l'avoir fait subir à ma fille.

Et pourquoi, enfin, nulle part dans l'opinion du Dr Roy n'ai-je trouvé mention de la relation «ambiguë» que Johanne entretenait avec son thérapeute? On a beau parler de transfert et de contre-transfert, cela explique-t-il des rencontres quotidiennes ou des week-ends à la campagne? Nulle part il n'est fait mention des prescriptions abusives qu'elle devait prendre et des états dépressifs qu'elles induisaient, alors qu'il avait lui-même été un des premiers à en souligner le caractère dangereux. Quel oubli symptomatique, pour reprendre une terminologie qui lui est chère...

❧

Depuis la remise du rapport du Dr Jean-Yves Roy à la Corporation, je n'avais plus aucune communication avec cette dernière. Quelques mois plus tard, j'eus l'occasion de participer à une émission radiophonique de «ligne ouverte» où l'un des invités était le président de la Corporation à qui j'avais toujours adressé mon courrier. Au cours de l'émission, celui-ci mentionna alors ne pas être au courant de mon dossier et promit de s'en occuper personnellement. Immédiatement après l'émission radiophonique, je reçus un appel du président m'invitant à le rencontrer à la Corporation, en compagnie d'un collègue. Je m'y rendis en compagnie de mon frère et jamais je n'oublierai les propos tenus lors de cette rencontre. Dans un premier temps, on tenta de me convaincre que ma fille Johanne n'était pas saine d'esprit et on poussa l'audace jusqu'à me dire que c'était comme ça dans toutes les familles! Quel accueil! me suis-je dit. Sont-ce là les «notions de base des règles rudimentaires de relations humaines» auxquelles le Dr Roy rappelait la nécessité?

Dans un deuxième temps, on essaya de me convaincre qu'il était faux que Johanne ait consommé autant de médicaments. Je leur demandai comment ils pouvaient affirmer cela puisque la Corporation n'était pas en possession des dossiers pharmaceutiques. Pris au piège, ils me demandèrent les autorisations nécessaires pour prendre connaissance de ces dossiers. Je leur rappelai que les deux médecins consultés par Johanne avant sa mort étaient en complet désaccord avec la médication prescrite par le Dr T. et qu'ils avaient été jusqu'à affirmer que ces deux médicaments ne devaient jamais se consommer ensemble. Après deux longues heures de discussion, je me retrouvai à la case départ, sans avoir avancé d'un pas et complètement écœurée face à l'obstination de la Corporation à protéger un de ses membres.

Quelle était donc, me suis-je alors demandé, les motivations du président en m'invitant? Qu'avait-il en tête lorsqu'il m'avait donné rendez-vous? Me convaincre que ma fille n'était pas saine et que sa mort était inéluctable? Elle était malade d'angoisse, c'est vrai, mais folle, non, jamais!

Belle mise en scène, en fait, que cette rencontre. Pourquoi, trois années après le début de leur «enquête», me demandaient-ils aujourd'hui l'autorisation d'aller consulter les dossiers pharmaceutiques? Cela n'aurait-il pas dû être déjà fait et depuis longtemps, s'il s'était agit d'une enquête sérieuse?

Au mois d'avril 1981, plus de trois ans après la mort de Johanne, je reçus une lettre de la Corporation. Elle se terminait ainsi :

> *(...) Compte tenu de toutes ces informations, il n'a pas été possible de faire la preuve que le D* T. *avait commis une infraction à la Loi médicale, au Code des professions ou au Code de déontologie de la Corporation lors du traitement de Johanne. Nous sommes bien conscients que vous ne serez pas satisfaite de cette conclusion, si tel est le cas, je voudrais vous signaler qu'en vertu de l'article 128 du Code des professions, vous pouvez porter vous-même une plainte à l'égard de ce médecin devant le comité de discipline de la Corporation ; dans tel cas cependant, il vous appartiendra de faire la preuve de votre accusation.*
>
> *Nous vous prions d'agréer, chère madame, l'expression de nos meilleurs sentiments.*

Et voilà, le rideau était tombé ! Ils avaient tenté de procéder à la vérification des dossiers pharmaceutiques plus de trois ans après la mort de Johanne ! Mais pourquoi ne pas l'avoir fait au moment de la première plainte en 1977 ? Considérant ce long délai, les dossiers pharmaceutiques avaient entre-temps été transférés et s'avéraient introuvables...

Chapitre huit

La justice n'est pas la loi du plus fort

DEUX ANS PLUS TARD, soit en septembre 1983, la revue *Châtelaine* traitait du résultat d'une plainte portée contre un psychiatre accusé d'avoir abusé sexuellement de ses patientes. Quatre patientes de ce psychiatre avaient décidé de porter plainte contre lui à la Corporation professionnelle des médecins du Québec. Interrogé par la Corporation, le psychiatre niait les accusations de ses patientes et la Corporation, après enquête, concluait qu'aucune infraction à la Loi médicale ni au Code de déontologie n'avait été commise par ce psychiatre. Ces patientes, déçues de la décision rendue par la Corporation, ont consulté une avocate, Me Lorraine Duguay, qui a communiqué avec la Corporation pour connaître les raisons de leur conclusion.

On a expliqué alors à cette avocate qu'on avait enquêté et discuté avec le médecin et qu'à la lumière de ces discussions, on avait décidé de ne pas poursuivre l'enquête plus loin. Ne restait plus que l'avenue judiciaire.

Considérant l'entreprise périlleuse et très coûteuse, l'avocate n'a pas eu d'autre choix que de conseiller à ses clientes de faire appel aux différents médias afin d'alerter l'opinion publique et de prévenir la population de ces pratiques plus que répréhensibles.

Est-ce là la justice et l'éthique que la Corporation entend faire respecter?

Quelques mois plus tard, je fus invitée, encore une fois, à participer à une émission radiophonique avec Me Lorraine Duguay qui dénonçait alors les pratiques douteuses de certains psychiatres et médecins qui se sentaient complète-ment protégés par leur Corporation. Le président était également présent. L'avocate a souligné, lors de cette émission, la façon très cavalière qu'a la Corporation de recevoir les plaintes et qu'elle comprenait difficilement la Corporation de ne pas réagir devant la dénonciation de tels abus de la part des médecins. Il fut question de la cause ayant impliqué l'avocate. À une question qu'on lui posait, le président répondit que la thérapie pratiquée par ce psychiatre avait pris naissance en Californie, que les patientes étaient des adultes consentantes et qu'elles n'avaient qu'à ne pas accepter de subir une telle thérapie si elles étaient en désaccord.

Et voilà que cela recommençait! Où étaient donc les «notions de base des règles rudimentaires de relations humaines»? Oubliées, probablement, au détriment des patientes, mais toujours présentes lorsqu'il s'agissait de défendre les intérêt d'un membre de la Corporation.

À quoi doit-on s'attendre lorsque dépressifs, en perte d'autonomie, nous consultons un expert, ici un psychiatre, afin de recevoir les soins adéquats à une bonne guérison et que celui-ci abuse de la situation à ses propres fins?

Lorsque j'eus la parole, je fis le récit de ce qu'avait vécu Johanne, des médicaments prescrits, du traitement qu'elle avait subi et de la façon très cavalière dont son médecin avait fait preuve pour se défaire de sa patiente. Je suis aussi revenue sur l'usurpation de titre dont le médecin s'était rendu coupable. L'avocate renchérit en mentionnant que la Corporation aurait dû traduire ce médecin devant le Comité de discipline. Le président, à court d'arguments, dit simplement qu'il ne s'agissait pas là d'une bonne cause.

En quittant le studio, le président me prit à part et me confia, sur un ton très paternaliste, ne pas comprendre pourquoi je ne gardais pas mes énergies pour oublier. Je lui répondis par une question : et si c'était votre fille, docteur ?

❧

De retour à la maison, il me restait un goût amer dans la bouche. Il me revenait en mémoire, parmi les phrases que le président m'avait dites au cours de ma dernière rencontre à ses bureaux, qu'en effet, il pourrait envisager de traduire le Dr T. devant le comité de discipline mais il a aussitôt ajouté que cela coûterait beaucoup d'argent et que ça ne ramènerait pas ma fille. Jamais il n'avait compris le sens de mes démarches : je ne cherchais pas de compensation financière. Ma plainte n'avait pour but que d'éviter que d'autres patients puissent être abusés par un médecin incompétent. Je voulais l'empêcher de faire subir à d'autres ce qu'il avait fait endurer à Johanne. La conspiration du silence dont la Corporation se rendait coupable niait sa fonction même et sa raison d'être auprès du public qu'elle était censée protéger. La justice qu'elle défendait était la justice du plus fort. Une justice rendue par un corps qui se posait en juge et en partie.

Ma longue bataille qui s'était transformée en long calvaire prenait fin comme elle avait commencé : par une fin de non-recevoir injustifiée, communiquée par un organisme âme, administré de façon «bourreaucratique» avec en prime un justificatif en forme de «raisons économiques».

༂ᕱ

Deux jours après cette émission, j'ai été rejointe par un médecin qui m'a demandé de le rencontrer. Nous nous sommes présentés, mon mari et moi, au bureau de ce médecin qui, ayant noté la prescription des médicaments que Johanne recevait, nous a lu les effets possibles résultant de leur consommation : pertes de mémoire, difficulté à se concentrer, hallucinations, état dépressif augmenté.

Il nous révéla que la consommation des deux médicaments ne pouvait se combiner et qu'une dose aussi importante que celle prescrite à Johanne ne se prescrivait qu'en milieu hospitalier. Une fois de plus je me voyais cruellement confirmée dans l'explication des sources du mal de Johanne (ou tout au moins de l'aggravation de son état).

Encore une fois, on me donnait raison. Mais encore une fois, cela se passait dans un cabinet privé, à l'abri des oreilles de la Corporation. On me confirmait les fautes professionnelles du Dr T. mais cela ne pouvait l'inquiéter. Il restait à l'abri des reproches.

Après tant d'années, tant de démarches pour obtenir l'attention de la Corporation, tant d'humiliations et tant de frustrations aussi, des sentiments de consternation et de profond dégoût m'envahissaient à un point où on ne peut réagir, où on ne peut plus prendre de décision, où l'on se sent hébétée, bousculée, choquée, étouffée. Peu à peu, je me sentais à mon tour en proie à une grande dépression.

J'ai tout de même consulté un avocat, encore un autre qui me répéta ce que les avocats consultés précédemment m'avaient déjà dit : la route longue et sinueuse, pleine d'embûches, les honoraires exorbitants, tant des experts que des avocats nécessaires à l'aboutissement d'une telle poursuite, sans compter les remises d'audition et les nombreuses heures de travail... Tout cela pouvait nous mener à un investissement de près de 100 000 $. La décision s'imposait d'elle-même, nous ne pouvions poursuivre dans cette voie.

Je ne pouvais plus rien espérer de la Corporation et je n'avais plus l'énergie nécessaire pour lui faire face. Aucune issue, un mur de pierre se dressait devant moi.

❦

Durant les années qui suivirent, je connus la dépression, celle qui nous habite continuellement, qui ne nous laisse aucun répit, nous faisant perdre toute confiance, tout espoir, tout intérêt, ce gouffre sans fond qui nous fait perdre goût à la vie et nous projette dans d'insondables souffrances.

Je n'ai eu d'autre choix (malgré les grandes réticences que les dernières années avaient fait naître en moi, particulièrement au niveau des soins psychiatriques) que de recourir à la médecine pour soigner ma dépression. J'ai fait appel à une femme médecin, le Dr Anaïs Grigorian, avec laquelle j'ai eu de nombreuses discussions.

Je n'ai pas eu, comme Johanne, à consommer une forte dose de médicaments ou encore à discuter avec un psychiatre qui ne m'écoutait pas ou qui, lorsque la situation dérape, ne pense qu'à se débarrasser de sa patiente. Non, j'ai eu la chance de recevoir des soins adéquats et une écoute attentive qui m'ont menée à la guérison.

Ce livre est le complément de cette thérapie, l'écrire fut une libération qui ne cesse de me faire du bien. Même s'il me faut pour cela revivre bien des souffrances et des peines.

Aujourd'hui, lorsque je songe à Johanne, les paroles prononcées par le président de la Corporation des médecins du Québec lors d'une émission télévisée me reviennent en mémoire : « le médecin doit être au-dessus de tout soupçon et ne doit pas tromper son patient pour que s'établisse une confiance totale ».

L'histoire de Johanne n'est sans doute pas unique. D'autres avant elle ont été abusés, trahis dans leur confiance ou mal conseillés. Aujourd'hui où l'opinion publique est plus alerte et vigilante, j'ose espérer qu'il y en aura de moins en moins qui subiront les dérapages d'une médecine qui souffre de l'irresponsabilité de quelques mauvais éléments.

Son cas n'est pas unique... sauf pour moi. Johanne n'est pas seulement unique, elle est irremplaçable. Johanne n'est pas un fait divers entrelu dans les pages, aujourd'hui jaunies, d'un quotidien du mois de mars 1977. Avant que son image et son nom ne disparaissent à jamais des dossiers médicaux, il me fallait faire renaître son histoire dans ces pages où j'ai pu la bercer à nouveau dans les bras de mes souvenirs. Il me fallait écrire ce récit pour que Johanne ne tombe dans l'oubli.

Il me fallait l'écrire au nom de ma fille.

Le livre de Johanne

3 mai 1976

Je suis sauvée! Je ne mourrai pas d'angoisses, je vais dans quelques dizaines de minutes enfin pouvoir retrouver mon souffle. Je ne suffoquerai plus, ne rapetisserai pas sous la pression, la peur des nombreuses phobies sociales que je subis. Mon souffle va enfin être paisible et naturel après chaque expiration.

Je viens de passer une fin de semaine chez mes parents pour faire de la couture. J'en sors et marche vers la station de métro Crémazie en guettant la rencontre de gens que je pourrais connaître. Je me sens vue, examinée, comparée, rejetée, écrasée et oubliée.

Mes pas me mènent rapidement vers la station de métro et je me souviens. J'ai des souvenirs désagréables qui justifient la menace qui accompagne chaque battement de mon cœur, qui ne s'arrête pas de cogner et de me supporter et de cogner encore et de s'essouffler, de se gonfler sous la pression du danger toujours imminent d'être appelée à vivre et de ne pouvoir répondre à l'appel.

Je me souviens de ces jeunes filles avec qui j'ai joué étant enfant, et que j'ai fuies plus tard. Je les sens encore me voir et réagir à moi. Elles m'ont vue, à chaque année, me transformer. Demeurant, à l'époque, chez mes parents, je me souviens de leurs expressions, de leurs rires étouffés, j'entends encore ce soupir désapprobateur de l'une d'entre elles qui, me croisant, accompagnée des autres jeunes filles, était découragée à la vue de ma personne. J'étais vêtue d'une robe de toile, longue et fendue sur le côté. Je revenais d'une fin de semaine passée au centre d'art dirigé par un Noir dont j'avais adopté le goût d'une certaine tenue vestimentaire tellement différente de la majorité des gens, et que je portais, au moment où je rencontrais ces jeunes filles, avec une expression de malheureuse déprimée. Je m'étais alors précipitée à la maison afin de me cacher, à l'abri de leur menace, de ce danger toujours présent d'avoir à vivre et d'« être ».

Marchant vers le métro, je me souviens de tant de choses, entre autres de cette dame, Mme D., voisine de mes parents, que j'ai rencontrée dernièrement chez Simpson's et que j'ai évitée et fuie. Mes pas s'accélèrent pour oublier ces désagréables souvenirs et me réfugier dans mon appartement du centre-ville, où je retourne après cette fin de semaine qui ressemble à un emprisonnement et dont les barreaux sont mon imagination négative ; et qui, par le bruit du centre-ville, me délivre des tourments qui me hantent lorsque je passe mes journées enfermée chez mes parents sur cette silencieuse rue de mon enfance.

Je me souviens également de Marc, qui pour m'obliger à réagir, lorsque je vivais avec lui il y a un an, me comparaît à un de nos voisins, homme de 40 ans qui vit encore chez ses parents et boit pour oublier le sombre échec de sa vie. Il passe sa vie entre la maison, son ouvrage et son club de cartes. Il longe les rues et baisse la tête lorsqu'il croise des gens qui le connaissent. Un peu enivré, il essaie en vain d'engager la conversation mais il est rejeté.

J'entre dans la station de métro et, aux dernières marches d'un long escalier qui me rappelle tant d'autres souvenirs arrivent les wagons du métro qui me transporteront et me feront oublier ces funestes souvenirs.

Le temps s'écoule lentement, interminablement, d'une station à l'autre. Je guette l'expression des gens dans le métro lorsque je croise leurs regards. Je me souviens maintenant de cette interview que j'ai écoutée à la télévision ce matin. Il s'agissait de Simone Signoret. Je suffoquais d'envie de côtoyer ces personnalités qui apportent leurs .... brins .... au tissu de l'histoire de notre siècle et auquel je désirerais tant ajouter les couleurs que je sens peut-être pouvoir y imprimer. Je ne sais pas si j'ai ces possibilités mais en me fiant à l'effet que ces êtres remarquables qui se distinguent de la masse me font, je crois pouvoir en conclure que j'ai effectivement ces possibilités.

Je me souviens combien je suffoquais et, le temps de quelques secondes pour m'enfermer quelque peu en moi afin d'être moins écorchée à vif et retrouver mon souffle, je revenais à la réalité, ma réalité.

Les stations Beaubien, Rosemont, Laurier, Mont-Royal et je me sens respirer plus librement, ma prison est moins serrée, les nœuds de ma gorge se dénouent, ma tête dépose un poids trop lourd, enfin la station Sherbrooke. Une porte s'ouvre, celle de mon wagon, suivie des tourniquets qui ne se bloquent pas comme dans mes cauchemars, ensuite les portes de la station elle-même et je suis au milieu de ces bruits du centre-ville qui emplissent mon esprit et freinent ainsi le travail destructeur de mon imagination qui emplit le vide et le silence de la, maintenant lointaine, rue Saint-Denis.

Je suis entrée au bureau, lundi matin. Je connais des gens au bureau de la Fonction publique du Canada sur le même étage que notre bureau. C'est toujours la même histoire, je m'organise toujours pour ne pas sortir aux mêmes heures que les employés de la Fonction publique. Si j'entends des voix connues près de l'ascenseur, je rentre dans notre bureau et j'attends qu'ils descendent pour en ressortir.

M. sent mes états. Elle me le dit d'ailleurs. Elle essaie à tous les moments de la journée qui se présentent de me parler comme elle souhaiterait le faire avec toute autre personne qui serait à ma place. Mais c'est impossible pour moi de parler, j'ai besoin d'écouter, d'apprendre, je n'ai rien à dire.

M. est actuellement occupée à son déménagement d'appartement. Rien de ce qu'elle fait n'est clair pour moi

à ce sujet, entre autres : elle me parle de ces choses et je
n'ai pas de questions à lui poser dont les réponses pourraient m'être utiles. On dirait que j'ai toujours tenu pour
acquis que je n'aurais à me trouver dans aucune de ces
situations que la vie nous amène, c'est-à-dire déménage-
ments, mariage, enfants, décès, héritages, obligations
contractuelles, achats de meubles pour citer quelques
exemples.

[...]

Aujourd'hui, je ne sens aucun plaisir à l'idée d'avoir de
beaux meubles. Je les entretiendrais par obligation, pous-
sée par la crainte de les voir se détériorer, ce qui révélerait
mon absence d'intérêt pour ces choses et ainsi mon
absence également de points communs avec les gens « normaux » qui ont des goûts que j'appelle « normaux ».

Jamais je n'ai rêvé, lorsque j'étais enfant ou adolescente, de posséder des meubles, articles de cuisine, éléments de lingerie ou quoi que ce soit qui sont les préoc-
cupations normales de notre vie. Je ne me suis jamais
sentie devenir une future maîtresse de maison ou mère de
famille. Au contraire, je m'identifie à un homme ou à ni
un ni l'autre : je me souviens de ce texte qui commençait
par : « ni homme, ni femme, on ne le sait plus. Il était
l'humain, certainement le corps, la forme, la vie... » (J'avais
écrit ce texte à 16 ans.)

Quand je dis que lorsque je fais la cuisine, je voudrais
être chef cuisinier avant même l'apprentissage nécessaire,
c'est que je ne peux être modérée en rien. J'ai connu un

état pratiquement comparable à ce rien et qui était l'iner-tie. Toute ma jeunesse durant, tout était prévu, mesuré, pensé autour de moi et pour moi. J'étais inerte et ne pre-nais pas part à l'activité de la maison puisque, présente ou absente d'esprit ne changeait rien. Lorsque j'ai atteint mes vingt ans, j'ai réalisé tout ce qui me distinguait des filles normales et chaque jour m'apporte de nouvelles situations qui me prouvent cela. Ainsi, lorsqu'à vingt ans j'ai réalisé que je passais à la tranche «adulte» de ma vie, ce fut la panique.

Je vivais alors avec Marc et il remplaçait ma mère. Il avait autorité sur tout, que ce soit la cuisine, les repas, le ménage de l'appartement, jusqu'à la responsabilité de recevoir les gens ou de déterminer le repas que je ferais lorsqu'on les invitait à manger, à son ampleur, de m'inté-grer ne serait-ce qu'aux goûts, besoins ou plaisirs de la société...

OCTOBRE - NOVEMBRE 1976

Après ma chute de cet été, mon pas a été de réagir et aller vers les autres. Cela voulait dire travailler, m'ouvrir à mes proches, ma famille, oncles et tantes. Je n'ai pas osé me faire davantage d'amis que les quelques relations bien superficielles du club de ski.

Enfin j'ai fait un premier pas. Je dois maintenant me délivrer de l'angoisse qui me pèse à l'idée du chemin que j'ai à faire avant d'avoir un contrôle total sur mon équi-libre. J'ai un monde qui s'ouvre devant moi! Que vais-je en faire?

Je n'en peux plus d'avancer et d'arrêter parce que le souffle me manque.

Ce qui m'abat, mais alors complètement, c'est mon incapacité à me débrouiller, à me servir, comme vous dites, de ma pensée opérationnelle. Je commence, je suis une conversation, je ne comprends plus très bien. Eux continuent, moi j'essaie de résoudre ce qui vient d'être dit, et je n'ai pas assez de temps, ils sont déjà plus loin, j'abandonne et j'attends. J'attends que le temps passe et que je me sente plus forte à affronter la lourde tâche de me sentir de taille avec ce que la société a fait. Malgré tout, tout est fait pour des gens comme vous et moi [...]

Mais si aussi je pouvais compter sur des amis, non, je suis seule et je le préfère à l'idée de me frapper contre un mur, celui de ne pas pouvoir adopter leur rythme. Je suis si lente, tout va si vite.

Je ne peux conduire actuellement, je prendrais le volant et je me perdrais dans les boulevards. Je ne serais pas assez vite pour choisir, parmi les enseignes, celles qui me concernent. Une crevaison! Que faire? Et avec une voiture les dépenses montent si vite.

Je ne suis pas stable et, ainsi, sans revenu permanent pour assurer mes entreprises.

Voyager et avoir des difficultés à l'étranger. Je me vois bien mal prise là-bas et sans ressources.

Je m'écroulerais et j'appellerais pour qu'on vienne me chercher. Complètement dépassée quand je suis dans un aéroport.

Peur d'une détérioration sur le plan de l'économie du pays.

Pourrais-je me passer de l'argent que j'ai en assez grande quantité pour m'habiller parce que je ne m'habille pas, qu'est-ce qui me reste ! (Le nom de ordinaire, peut-être finalement...)

VIEILLIR ET LA SANTÉ
Tableau
Trio ou groupe
Où donnent trois pôles.

1er et 2e, deux types de femmes, celles qui jouent à la femme forte, et celles qui sont profondément vraies (en train de le devenir) et qui résistent aux illusions et à la facilité de jouer les dures pour protéger quelque chose de complexe, etc.

Le type 3e et en homme, l'homme est attiré par la vraie, même si elle est dans sa recherche pour le devenir malgré son âge très jeune ou très avancé.

Je suis les deux types de femmes et je convoite l'homme soit semblable au trio véritable qui est complet par lui-même où j'entre par hasard.

Mes affinités avec l'une et l'autre femme me placent juste entre les deux d'où un tiraillement constant et déchirant.

Je hais la première de peur de lui ressembler et j'adore la seconde en qui je trouve un modèle constant.

Je ne suis pas capable d'être la seconde, dois-je vraiment comprendre que l'image que j'ai d'elle vaut la peine que je vise son état d'âme...!

En attendant, je ne peux gagner l'homme que je convoite, l'homme qui aime la femme qui assume sa sensibilité et ses véritables besoins de femme saine. Je suis donc rejetée a priori.

Je sortais de la tutelle de M. à la Commission de Réforme du droit.

Je n'en pouvais plus, et M. a été plus vite que moi, elle m'a trouvé un emploi temporaire.

J'ai quand même passé des semaines épouvantablement désespérée. Elles auraient été encore plus longues si M. n'était pas intervenue.

Il me semble qu'elle et ma mère m'ont davantage forcée que vous ne l'avez fait.

Je ne comprends pas très bien votre jeu et cette absence d'intelligence de ma part me tue, et je voudrais par rage m'enfoncer un poignard.

J'ai tellement besoin de cette intelligence. Quoi d'autre entrevoyez-vous pour la remplacer!

Oui dans ma tête c'est un chaos;

Une pensée opérationnelle nulle jusqu'à l'idiotie;

La réalité qui m'afflige...

Les maladies des autres ou les miennes!

Leurs problèmes ou les miens!

Problèmes d'argent, crise économique!

Cataclysmes!
Mariage, enfants!
Me faire des amis!
Voyager!
Gros achats, maison, etc.!
Je n'en peux plus d'avancer.
Je me fatigue jusqu'à régresser à l'état d'un bébé.
Je n'en peux plus de cette fatigue. J'en deviens malade de peur.

Jusqu'où me mènera-t-elle!

Quelle attitude puis-je adopter pour ne plus jamais tomber comme je viens de le faire? En ce moment, je vivrais à l'horizontale, avec la lâcheté pour lit.

Ça serait facile pour vous de me faire croire que ça vient seulement de moi, puisque Marc et Jacques me l'ont fait croire aussi.

C'est sur cette base-là que je voulais vous voir à l'extérieur, dans des colloques, les réunions, et les conférences, avec vos amis si cela avait été possible...!

Avoir confiance en vous, pour voir comment vous êtes là où moi, je suis complètement à terre.

Alors je veux savoir combien de temps encore je vais encore être fuckée devant vous et ainsi attendre et attendre...!

Je compte sur vous mais je n'arrive pas à aller chercher en vous ce que j'attends de vous. Est-ce que vous y êtes pour quelque chose, ou si c'est seulement moi...!

Je me demande combien de temps encore je vais rester dans la confusion et dans l'attente!

Et puis encore la semaine prochaine c'est le shower de Lise, ensuite c'est son mariage et le 10 décembre c'est le gros party de Noël de mon bureau au Ritz Carlton. Seulement les avocats et les secrétaires, on est environ 170, alors le party ça va être rien que le personnel, on ne sera pas accompagné.

Ça m'énerve beaucoup mais je pense que je vais pouvoir me contrôler toute cette soirée-là.

Alors, je vais être distraite par toutes ces sorties-là, je vais sauter sur l'occasion pour ne pas sentir l'angoisse que j'ai en ce moment, vous ne m'en parlerez pas non plus et on va ainsi contourner le problème pour deux autres mois de plus.

Table